अँधेरे में : अंतस्तल का पूरा विप्लव

अँधेरे में : अंतस्तल का पूरा विप्लव

सम्पादक

निर्मला जैन

राधाकृष्ण प्रकाशन

ISBN : 978-81-8361-993-6

अँधेरे में : अंतस्तल का पूरा विप्लव

पहला संस्करण : 1994
चौथा संस्करण : 2025

मूल्य : ₹495

प्रकाशक
राधाकृष्ण प्रकाशन प्राइवेट लिमिटेड
जी-17, जगतपुरी, दिल्ली-110 051
शाखाएँ : अशोक राजपथ, साइंस कॉलेज के सामने, पटना-800 006
पहली मंजिल, दरबारी बिल्डिंग, महात्मा गांधी मार्ग, प्रयागराज-211 001
1, अनमोल सोराबजी सन्तुक लेन, धोबी तलाव, मरीन लाइंस, मुम्बई-400 002
वेबसाइट : www.radhakrishnaprakashan.com
ई-मेल : info@radhakrishnaprakashan.com

मुद्रक
बी.के. ऑफसेट
नवीन शाहदरा, दिल्ली-110 032

ANDHERE MAIN : ANTASTAL KA POORA VIPLAV

Edited by Nirmala jain

पाठकों के प्रति

मुक्तिबोध का साहित्य उत्तर-शती के दौरान बदलती हुई रचनात्मक और पाठकीय संवेदना का प्रमाण है। इसलिए आज भी वह आलोचनात्मक कर्म के लिए एक साथ सम्भावना और संकट की मिली-जुली व्यवहार-भूमि प्रस्तुत करता है। 'अँधेरे में' उनके कृतित्व की सबसे महत्त्वपूर्ण और शायद सबसे विवादास्पद कविता है।

कविता के हज़ारों पाठकों के सामने चुनौती है—विवादों के घेरे में फँसी इस कविता के बारे में सही और साफ़ समझ विकसित करना। यह दुस्साध्य कार्य कुछ सीमा तक सुकर हो सके, यही प्रस्तुत संकलन का लक्ष्य है।

संकलन में जिन लेखों का चयन किया गया है, वे मिलकर इस कविता की मुकम्मल पहचान बनाते हैं, यह दावा तो नहीं किया जा सकता, क्योंकि सम्भावनाएँ और भी हो सकती हैं। परन्तु इन लेखों से इस कविता के बारे में विविध दृष्टियों से विचार करने की दिशाएँ निश्चय ही उद्घाटित होती हैं। कहने की आवश्यकता नहीं कि इनमें विभिन्न विचारधाराओं और आयु-वर्ग के आलोचक शामिल हैं। एक ही विचारधारा के दावेदारों के बीच कविता को लेकर जो मतभेद है, पाठकों को उसकी जानकारी भी हो सके, चयन करते समय इस बात का ध्यान रखा गया है।

कविता की सही और प्रायः समग्र नहीं, तो कम-से-कम सार्थक समझ का मार्ग प्रशस्त हो, इस सम्पादकीय आकांक्षा के साथ यह संकलन कविता के सुधी पाठकों को समर्पित है।

निर्मला जैन

'गीतांजलि'
दक्षिण-परिसर
दिल्ली विश्वविद्यालय, नई दिल्ली-110021
विजयदशमी, 14 अक्टूबर, 1994

अनुक्रम

एक अधूरी कविता जो...	इन्द्रनाथ मदान	:	9
'अँधेरे में' तथा मुक्तिबोध की अन्य कविताएँ : एक अंतःसूत्र	विष्णु खरे	:	19
मुक्तिबोध : अँधेरे में गहरी छानबीन	प्रभाकर श्रोत्रिय	:	27
संघर्षपुरुष की स्वप्न-कथा	विश्वनाथ त्रिपाठी	:	36
अँधेरे में : परम अभिव्यक्ति की खोज	नामवर सिंह	:	44
अँधेरे में : पुनश्च :	नामवर सिंह	:	54
कवि-व्यक्तित्व और कथा-नायक : संदर्भ 'अँधेरे में'	रामविलास शर्मा	:	76
अंतस्तल का पूरा विप्लव : अँधेरे में	निर्मला जैन	:	91

टिप्पणियाँ

कविता का हिंदुस्तान	श्रीकांत वर्मा	:	106
दहकता इस्पाती दस्तावेज़	शमशेर बहादुर सिंह	:	108

परिशिष्ट

अँधेरे में (कविता)		:	111

एक अधूरी कविता जो. . .

इन्द्रनाथ मदान

मुक्तिबोध की अन्तिम कविता 'चांद का मुँह टेढ़ा है' में संकलित आखिरी कविता 'अँधेरे में' को अपनी-अपनी दृष्टि से पहचानने की कोशिश आलोचकों ने की है। इसके बारे में शमशेर का काव्यात्मक अन्दाज में यह कहना है—"यह कविता देश के आधुनिक जन-इतिहास का एक दस्तावेज है। इसमें अजब और अद्‌भुत रूप से व्यक्ति और जन का एकीकरण है। देश की धरती, हवा, आकाश, देश की सच्ची मुक्ति, आकांक्षा नस-नस में फड़क रही है. . .और भावनाओं के अनेक गुंफित स्तर पर।" इसे महान रचना का नाम भी दिया गया है। इस रोमान और वास्तव के घोल को भी आँका गया है और इसे एकदम आधुनिक भी कहा गया है। इसे किसी भी कसौटी पर परखा जा सकता है। शमशेर का यह दावा है कि आधुनिक युग की यह सबसे बढ़िया कविता है। इसके बिम्ब और संकेत, शब्द-चित्र और ध्वनि-चित्र, बड़ी गहरी और विविध गूँजें कवि शमशेर की भावनाओं में भर जाती हैं। इस तरह एक कवि का इस कविता पर आशिक हो जाना न केवल कवि के आशिकाना मिजाज का परिचय देता है, कविता के अन्दाज का भी परिचय दे जाता है। एक और कवि-आलोचक इसे युग की काव्य-परिणति के रूप में आँकते हुए यह कहते हैं कि इसमें शब्द और अर्थ के अलग-अलग हो जाने से असंगत संसार पैदा हो गया है जो कि जितना ही पैशाचिक है उतना ही मानवीय है। मुक्तिबोध के रचना-संसार में मनुष्य और पिशाच का सह-अस्तित्व है। इस कविता का नायक भारत है जिसके मन में बेचैनी है, जो खंडित और व्यग्र है, जिसका शरीर और मन दोनों क्षत-विक्षत हैं, जिसके चेहरे पर इतिहास की झुर्रियाँ हैं, सीने पर गोली के घाव हैं, अन्तरात्मा में विकलता है। श्रीकान्त को खेद इस बात का है कि इसे पहचानने में हिन्दी कविता को पचास साल लग गए। अब इस मनु को पहचाना गया जब देश अँधेरे में जा चुका है। इतिहास के प्रश्न कविता के प्रश्नों में बदल गये हैं। एक कवि और कवि-आलोचक के बाद कविता-आलोचक डॉ. नामवर सिंह कविता की राह से गुजरकर, कविता के अन्त से सहमत होकर इसे 'परम अभिव्यक्ति की खोज' के धरातल पर आँकते हुए यह कहते हैं कि इसमें

अस्मिता की खोज इसका मूल कथ्य है, जिसे नाटकीय रूप दिया गया है। इस तरह इस कविता के वस्तु-शिल्प को समेटकर आगे इसकी वस्तु और इसके शिल्प का विस्तार से विश्लेषण किया गया है। इसके शिल्प-विधान को नाटकीय कौशल कहा गया है, जिसमें **मैं** दो व्यक्ति-चरित्रों में विभाजित है—एक काव्य-नायक है और दूसरा उसका प्रतिरूप। क्या इसके शिल्प-विधान को **नाटकीय** कहना अधिक संगत होगा या **नाट्यात्मक**—यह अलग सवाल है। क्या काव्य-नायक को आत्म-निर्वासित व्यक्ति कहना अधिक संगत होगा या आत्मग्रस्त—यह भी अलग सवाल है। डॉ. रामविलास काव्य-नायक को अपराध-भावना से घिरा हुआ पाते हैं, जो आदम की अपराध-भावना से भिन्न है। वह न तो पूरी तरह जनता के साथ हैं और न ही शोषकों के। इसका हवाला यह है :

विचित्र अनुभव।
जितना मैं लोगों की पाँतें पार कर
बढ़ता हूँ आगे
उतना ही पीछे रहता हूँ अकेला।

उसका अकेलापन डॉ. रामविलास की दृष्टि में अस्तित्ववादी-रहस्यवादी चिन्तन का परिणाम है और डॉ. नामवर सिंह की निगाह में आत्म-निर्वासन और मार्क्सवादी चिन्तन में परिणति है। (यदि किसी तरह आज मार्क्स पैदा हो जाते तो वह शायद मार्क्सवादी न होते।) इनकी आलोचना 'अँधेरे में' कविता को दो स्तरों पर आँकती है। हर कृति यदि वह कृति होती है अनुकृति नहीं, तो वह अनेक संकेत देने की क्षमता रखती है ; लेकिन यदि वह परस्पर विरोधी संकेत देने लगती है तो संदेह होने लगता है कि इनमें कविता बोल रही है या आलोचक अपने बोलने की गवाही दे रहा है। **आत्म कमल** अगर एक को हठयोगी भाषा में रहस्य का संकेत देने लगे और दूसरे को पहाड़ों के पार जाने के लिए जोखिम का तो यह संदेह गहराने लगता है। इसका फैसला कविता के आधार पर ही किया जा सकता है कि यह कविता में क्या-कैसे-किस तरह है, न कि कवि के मन में या आलोचक के मन में। इसे अपने संदर्भ से तोड़ा भी नहीं जा सकता। इसे तोड़कर अपने मन की बात को स्थापित करना उसी तरह होगा जिस तरह वकील किसी गवाह के कथन को उसकी पूरी गवाही से तोड़कर मुकदमा जीतना चाहता हो।

यह लम्बी कविता आठ अंशों में विभाजित है। यदि इसके नाट्यात्मक विधान के आधार पर इनको दृश्य भी कहा जाए तो असंगत न होगा। सब दृश्य अँधेरे में जुड़े हुए हैं, ताकि इनमें छोटी-छोटी दरारें नजर आ सकें। मुक्तिबोध के कवि को उजाले में इतना साफ नहीं दिखता जितना अँधेरे में। इसलिए 'वह' जिन्दगी के अँधेरे कमरे में चक्कर काट रहा है और यह **वह** मैं को दीखता नहीं है। वह कौन है ? उसका बड़ा चेहरा दीवाल पर अंकित होने लगता है। यह मनु कौन है जिसका चेहरा पहचान में नहीं आ रहा है।

इसकी सूरत 'कामायनी' के मनु से मिलती-जुलती है। लेकिन 'कामायनी' के मनु से केवल शारीरिक स्तर पर ही। इस कविता का मनु मानसिक या संवेदना के स्तर पर कुछ और है। इस तरह कविता फैंटेसी-विधान से शुरू होती है। पहाड़ी के उस पार तालाब के जल से एक सफेद आकृति उभरती है जो मुस्कराकर अपनी पहचान देती है। लेकिन यह भी समझ से बाहर है। यहाँ भी अँधेरा है। इस तरह मुक्तिबोध के कवि की संवेदना अंधकार से घिरी हुई है। इसके बाद तिलिस्मी खोह का शिला-द्वार अचानक खुलता है, जहाँ एक मशाल घुसकर एक 'रक्तालोक-स्नात पुरुष' को उजागर कर देती है जो साक्षात् रहस्य है। इस तरह कविता कथात्मक स्तर पर चल रही है। इस रहस्यमय चेहरे को कविता में नहीं कहा जा सका है। यह तनाव कवि-व्यक्तित्व में बना हुआ है। यह 'रहस्यमय रक्तालोक-स्नात पुरुष' वह है जिसे पाने की तलाश में मैं अँधेरे में भटक रहा हूँ। सवाल यह उठ सकता है कि इस बात को सीधे तौर पर क्यों नहीं कहा गया है, फैंटेसी का रहस्य इस पर क्यों डाला है? इसका जवाब पूरी कविता देगी, जिसकी रचना अभी जारी है। मुक्तिबोध के कवि के लिए मानव की रचना और कविता की रचना एक साथ चलती है, जिसे सकील भाषा में कवि-व्यक्तित्व और काव्य-व्यक्तित्व का संशोधन-रूपान्तर भी कहा जा सकता है। **वह** और **मैं** में जो तनाव है वह दोनों प्रक्रियाओं के मूल में है। **वह** ही साँकल बजानेवाला है। इस समय सूनापन 'सिहरने' लगता है, अँधेरे में आवाज़ों के बुलबुले उभरने लगते हैं और शून्य के मुख पर स्वर की सलवटें पड़ने लगती हैं। क्या इन बारीकियों को उजाले में पकड़ा जा सकता है? यह 'दोपहर के समय का अंधकार' की तरह है। **वह** को **मैं** की सुविधा की बिलकुल परवाह नहीं है। हर समय **वह** इशारे से बता जाता है, समझा जाता है। उसे देखकर **मैं** में स्नेह उमड़ने लगता है ; लेकिन **वह** को **मैं** अपनी बाँहों में इसलिए कस नहीं पाता :

> परन्तु भयानक खड्डे के अँधेरे में आहत
> और क्षत-विक्षत, मैं पड़ा हुआ हूँ,
> शक्ति ही नहीं है कि उठ सकूँ जरा भी
> (यह भी तो सही है कि
> कमज़ोरियों से ही लगाव है मुझको)

इस आत्म-स्वीकार में अपराध-भावना नहीं है, वस्तु-स्थिति का स्वीकार है कि 'बीड़ी पीने' की आदत छूटनेवाली नहीं है जिसे मैं छोड़ना चाहता हूँ। वह काव्य-नायक को रस्सी के पुल पर चलाकर उसे **पार** लगाना चाहता है और यह **पार** छायावादी **पार** नहीं है। मैं की समस्या—'क्या करूँ, क्या नहीं करूँ' के बीच तनाव की है। एकदम यह आवाज़ उठने लगती है कि भविष्य के नक्शे को नहीं छोड़ सकता। मैं किसी तरह लड़खड़ाता हुआ दरवाजा खोलता है और बाहर झाँकता है और टक से फैंटेसी टूट जाती

है और वास्तव नज़र आने लगता है। एक चीख चेतावनी के रूप में काव्य-नायक को सुनने को मिलती है। वह गाँव-शहर निकल गया है, अब नहीं आने वाला है। इसलिए उसे अपने को शोधना है। मैं को समझ में नहीं आ रहा है कि क्या यह सपना था जो टूट गया है? **मैं** कबीर की तरह अपनी आँखें बन्द नहीं रखता, इन्हें खोलकर देखता है कि **वह** कहाँ है और किस तरह है। यह जागरण टक से फैंटेसी में परिणत हो जाता है ताकि इससे एक जलूस निकाला जा सके, जिसे 'मृत दल की शोभा-यात्रा' कहा गया है। इसमें भाँति-भाँति के लोग शामिल हैं जो फैंटेसी में एक साथ शामिल हो सकते हैं। इसका मकसद और है जिसके अभाव में यह मदारी का खेल बन जाता। इसके माध्यम से वास्तव को उजागर करना है। एकदम टक और सपना छिन्न-भिन्न हो जाता है और भाँत-भाँत के लोग जो अँधेरे में एक साथ थे, उजाले में 'मृत' लोग साजिशें करनेवाले हैं:

हाय-हाय! मैने उन्हें-देख लिया नंगा
इसकी मुझे और सजा मिलेगी।

और बात गहरी हो जाती है। टक से फिर फैंटेसी रचना जिसमें मारशल लॉ है, दमन है, 'जमाने की जीभ निकल पड़ी है', मैं का पीछा लगातार किया जा रहा है। इस भीड़ में उसे बरगद का सहारा मिलता है। यह मुक्तिबोध की कविता में बार-बार क्यों आया है :

भयंकर बरगद
सभी उपेक्षितों समस्त वंचितों,
गरीबों का वही घर वही छत,
उसके तल-खोह-अँधेरे में सो रहे
गृह-हीन कई प्राण।
अँधेरे में डूब गये
डालों में लटके जो मटमैले चिथड़े
किसी एक अति दीन
पागल के धन वे।
हाँ, वहाँ रहता है सिर-फिरा एक जन।

इस तरह आखिरी सतर इस चित्रण को कविता से जोड़ देता है जो मात्र बरगद का संकेत देने के लिए नहीं है। वह सिर-फिरा जाग उठा है और उद्‌बोधन का गीत गाने लगता है, जिसका अनुवाद गद्य में दिया गया है। यह इसलिए कि मुक्तबोध की कविता में संगीत का निषेध है। इस 'अनुवाद' में मैं अपने से इस तरह के सवाल पूछकर बुरी तरह अपने को फटकार रहा है—

1. अब तक क्या किया?
   जीवन क्या जिया!!

2. उदरम्भरि बन अनात्म बन गये,
भूतों की शादी में कनात-से तन गये
किसी व्यभिचारी के बन गये बिस्तर।

3. करुणा के दृश्यों से हाय : मुँह मोड़ गये,
बन गये पत्थर

4. मर गया देश, अरे, जीवित रह गये तुम!!

5. लो-हित-पिता को घर से निकाल दिया,

जन-मन-करुणा-सी माँ को हंकाल दिया
स्वार्थों के टेरियर कुत्तों को पाल लिया

इसका नतीजा क्या निकला है—

दुखों के दागों को तमगों-सा पहना
अपने ही खयालों में दिन-रात रहना
असंग बुद्धि व अकेले में सहना,
जिन्दगी निष्क्रिय बन गयी तलघर।

इस गीत के गद्यानुवाद के बाद मैं अपने को सब कुछ जो हो रहा है, इसका कारण ठहराता है। मैं का चैन गया, मैं की नींद गयी : लेकिन अँधेरे में चेहरे की पहचान होने लगती है, महक गमकने लगती है। मुक्तिबोध की कविता में भयावने सपने अधिक और सुहावने कम क्यों हैं—इसका जवाब मनोविश्लेषण बेहतर दे सकता है। गुहा-खोह में मैं को जाना पड़ता है, अपने भीतर की तहों में उसे धँसना पड़ता है ताकि 'चमकते रत्न' हाथ लग जाएँ और इनके हाथ लगते मैं को यह भान होने लगता है कि इनका उपयोग जन के हित में इसलिए न हो सका कि ये (विचार) खतरनाक थे। इस तरह कथात्मक और नाट्यात्मक विधान की एकसाथ कविता में रचना है। अब दृश्य बदलता है और एक वीरान घंटाघर है जिसकी घड़ी के चार कोण या चार चेहरे हैं जो चार-चार मतियों और दृष्टिकोणों का संकेत देते हैं। इसके गुम्बद की विवर में बूढ़े पंछियों की निगाहें बड़ी तेज़ हैं जो चारों तरफ देखती हैं और भयानक इरादों का संकेत देती हैं। इस तरह एक-एक संकेत वास्तव को उघाड़ने के लिए दिया गया है। मैं कभी अपने भीतर के वास्तव को उजागर करता चलता है। इनमें तनाव बना रहता है जो संशोधन की प्रकिया को जारी रखता है। अब मैं एक सुनसान चौराहे पर है। मैं चौक के बीच में एक 'बन्दूक-जत्था' और 'टैंकों का दस्ता' को देखते ही वहाँ से भाग खड़ा होता है, जिसका सजीव-सशक्त चित्रण इस कविता में किया गया है। तिलक की पाषाण-मूर्ति सजीव होने का आभास देती है और उसका भयभीत मन धीरज बाँधने लगता है, उसका संशोधन होने लगता है—

इतने में छाती में भीतर ठक्-ठक्

सिर में है धड़ धड़ ! ! कट रही हड्डी ! !
फ़िक्र जबरदस्त ! !
विवेक चलाता तीखा-सा रन्दा
चल रहा बसूला
छीले जा रहा मेरा यह निजत्व ही कोई
भयानक जिद कोई जाग उठी मेरे भी अन्दर
हठ कोई बड़ा भारी उठ खड़ा हुआ है।

मैं को एक चेहरा नजर आता है जो सरदी से बचने के लिए एक बोरा ओढ़े हुए है जिसे मैं खूब जान चुका है, पहचान चुका है, लेकिन पा नहीं सका। यह चेहरा गाँधी का है जो बिजली के झटके के साथ कहता है—भाग जा, हट जा, हम हैं गुजर गए जमाने के चेहरे, आगे तू बढ़ जा।' इस तरह मैं परम्परा से जुड़कर आगे बढ़ने की सोचता है। उसे यह चेतावनी मिलती है जिसकी भाषा पुरानी न होकर समकालीन तेवर को लिए हुए है:

दुनिया न कचरे का ढेर कि जिस पर
दानों को चुगने चढ़ा हुआ कोई भी कुक्कुट
कोई भी मुर्गा
यदि बाँग दे उठे जोरदार
बन जाये मसीहा।

मैं को एक शिशु सौंपा जाता है जो दायित्व को निभाने का संकेत है और जो बार-बार मुक्तिबोध की कविता में दिया गया है और जो रूढ़ि बनने का खतरा मोल ले लेता है। इस कविता में यह शिशु गायब होकर सूरजमुखी फूलों के गुच्छों में बदल जाता है, जो चारों तरफ फैलकर दायित्वबोध के व्यापक होने का संकेत दे जाते हैं। दृश्य बदलता है। एक गली में मैं अपने को पाता है और अँधेरी सीढ़ी से खुले कमरे में पहुँचकर यह सोचने लगता है कि वह एक कलाकार था जो कुछ न कर सका और अन्त में बधिकों के हाथ मारा गया। अपने को कोसना भी बेकार साबित हुआ है। अब मैं को खोज उन सहचरों की है जो कुछ कर सकते हैं, सत, चित और वेदना से चमकते हैं। एक बार फिर उसकी काट-छाँट और छील-छाल होने लगती है, लेकिन औज़ार बदले हुए हैं :

टूटे से स्टूल में बिठाया गया हूँ।
शीश की हड्डी जा रही तोड़ी।
लोहे की कील पर बड़े हथौड़े
पड़ रहे लगातार
शीश का मोटा अस्थि-कवच ही निकाल डाला।

यह इसलिए निकाला गया है ताकि पता चले कि मैं के दिमाग के किस कैमरा में

'तथ्यों के जीवन-दृश्य' उतरते हैं। इस तरह मिस्टर गुप्ता उसके दिमाग का 'स्क्रीनिंग' करते हैं। इस तरह फैंटेसी की रचना में मैं एक पत्र के रूप में मन की फटी जेब में गिर जाता है। इस ख़त का मज़मून साफ़ है। मैं को अभिव्यक्ति का संकट नजर आने लगता है और दिमाग में तनाव कसने लगता है और जितना यह कसता जाता है, उतना ही अभिव्यक्ति का स्तर उठता जाता है :

अब अभिव्यक्ति के सारे खतरे
उठाने ही होंगे।
तोड़ने होंगे ही मठ और गढ़ सब।

इसके आगे उन बाँहों का संकेत है जिनमें एक 'अरुण कमल' हर पल काँपता रहता है, उसे ले जाने 'झील के हिम-शीत सुनील जल में धँसना ही होगा।' क्या इसे संदर्भ से तोड़कर इसकी हठयोगी मीमांसा करना संगत होगा, जिसे किया गया है? **मैं** का अकेलापन उसे कचोटता है जब कि अँधेरे में लोग आगे बढ़ रहे हैं। मैं जितना आगे बढ़ता है उतना वह पीछे रह जाता है, लोगों से कदम मिलाकर चल नहीं पा रहा है। इसका एक कारण उसकी बौद्धिक जुगाली है। मैं अपने पूँजी से जुड़े दिल को बदल नहीं पा रहा है। इस तरह काव्य-नायक परिणत होकर, आत्म-सजग होकर यह कहने का साहस रखता है जो कमज़ोरी नहीं है :

कविता में कहने की आदत नहीं, पर कह दूँ
वर्तमान समाज में मैं चल नहीं सकता!!

यह मैं की त्रासदी न होकर, युग-जीवन की त्रासदी है। यह समाज भी चल नहीं सकता। इसलिए 'नगर से भयानक धुँआ उठ रहा है, कहीं आग लग गयी है, कहीं गोली चल गयी है', लेकिन फिर भी :

साथ-साथ घूमते हैं, साथ-साथ रहते हैं,
साथ-साथ सोते हैं, खाते हैं, पीते हैं,
जन-मन उद्देश्य!!

यह सच है; लेकिन कुछ लोगों की दृष्टि में यह सच नहीं, गप है, मात्र किंवदन्ती है। इन लोगों में साहित्यकार हैं, कवि हैं, चिन्तक हैं, कलाकार हैं जो 'नपुंसक हैं, प्रश्नों की उथली पहचान रखनेवाले हैं, राह से अनजान हैं।' इस तरह बुद्धिजीवियों को व्यंग्य के स्तर पर उतारा गया है और इनका व्यंग्य-चित्रण काफी लम्बा है। क्या मात्र इतना कहने के लिए कविता को इतना तूल दिया गया है? यदि इतना कहा जाता तो शायद यह संशोधन की प्रकिया से टूटकर एक वक्तव्य बन जाता । कविता को अभी फैंटेसी से गुजरना है और कुछ और कहना है। इसमें 'अनहद नाद का कम्पन है' जो हठयोगी या तांत्रिक प्रक्रिया है, जो भुलावा देकर नौका को उस पार लगा सकती है? यह प्रक्रिया तान्त्रिक या रहस्यवादी नहीं है ; यह तो कवि-व्यक्तित्व और काव्य-व्यक्तित्व दोनों की

नाड़ियों को या ब्रह्मराक्षस के मल को धोनेवाली है, संकल्प-शक्ति देनेवाली है। यह संकल्प-शक्ति असाध्य-वीणा की 'सृजन-शक्ति' और राम की शक्ति पूजा की 'शक्ति' से मेल नहीं खाती, न मापिक स्तर पर और न ही संवेदना के स्तर पर :

आत्मा के चक्के पर चढ़ाया जा रहा
संकल्प-शक्ति के लोहे का मजबूत
ज्वलंत टायर ! !

अब लगता है कि युग बदल गया है (यह तो हमेशा बदलता रहा है, संक्रान्ति की बात किस युग में नहीं होती रही), कहीं आग लग गयी है, कहीं गोली चल गयी है (कभी बाण छोड़ा गया, कभी तीर लग गया तो कभी तुक्का)। इस तरह की आग का लगना और गोली का चलना निजी परिवेश को लिये हुए है, जिसे कालहीन या देशहीन नहीं बनाया जा सकता। इस बात को कविता में शायद छह बार दोहराया गया है, लेकिन टेक या धुन की रूढ़ि के रूप में नहीं ; ताकि इसकी संवेदना को गहराया जा सके।

एकाएक कविता के नाट्यात्मक विधान में दृश्य बदलता है। **मैं** का सपना टूट गया है, वह फिर अकेला है ; लेकिन इस बार उल्लास से भरा हुआ है। यह उसी तरह जिस तरह किसी प्रेयसी ने उसे रात को चूम लिया हो, अपनी बाँहों में कस लिया हो। इस तरह के चित्रण में शमशेर को रोमांस की 'सुगन्ध' मिलती है। अब वह उन सपनों के आशय को खोजना चाहता है, जिनके अर्थों की पीड़ा उसके मन में घिर रही है। हर अर्थ में दूसरा अर्थ झलकने लगता है। एकाएक **मैं** को वह की झलक मिल जाती है और वह:

गलियों में, सड़कों पर, लोगों की भीड़ में
चला जा रहा।
वह जन जिसे मैंने देखा था गुहा में।

इस झलक से **मैं** का दिल धड़कने लगता है कि उसका मुँह **वह** को पुकारने के लिए खुलता ही है कि इतने में **वह** गायब हो जाता है। इसमें कविता का नाट्यात्मक और फैंटेसी–विधान का कौशल छिपा हुआ है। इस **वह** को कविता में परम अभिव्यक्ति का नाम दिया गया है जिसका शिष्य **मैं** है और ब्रह्मराक्षस कविता में काव्य-नायक जिसका शिष्य होना चाहता है। इस होने और है में जो पहले पाट था, या तनाव था वह थोड़ा कम होने लगता है और यह शायद निरन्तर संशोधन-रूपान्तरण की परिणति है। मैं ने उसे इस कविता में आखिरी बार एक तिलिस्मी खोह में देखा था ; लेकिन अब फटेहाल वह जगत की हर गली में घूम रहा है। इस तरह :

परम अभिव्यक्ति
लगातार घूमती है जग में
पता नहीं जाने कहाँ, जाने कहाँ
वह है।

इस तरह **मैं** या काव्य-नायक की खोज दिक् और काल में जारी है, जीवन के बाहर और भीतर चल रही है :

खोजता हूँ पठार—पहाड़—समुन्दर
जहाँ मिल सके मुझे
मेरी वह खोयी हुई
परम अभिव्यक्ति अनिवार
आत्मा-सभवा।

इस तरह खोज को उपलब्धि का नाम देना अखरता है, यह आरोपित दृष्टि का परिणाम लगता है। इस लम्बी कविता का अन्त शमन में नहीं होता और न ही मौन में, जिसमें एक आलोचक तनाव को खोज निकालते हैं, 'जो कहने और कहने में अनकहना है और गहरे स्तर पर आत्मदान का भाव है ; जहां बोलना मानो आक्रमण है, मौन ही अपने को देना है।' इस कविता के अन्त को न तो 'कामायनी' का 'अखण्ड आनन्द' कहा जा सकता है और न ही 'असाध्य वीणा' का 'मौन'। इस तरह यह कविता काव्य-परम्परा से कट जाने की गवाही देने लगती है। **मैं** और **वह** में जो तनाव है वह एक दूसरे स्तर पर है, इसमें आत्मदान की वह संवेदना नहीं है जो 'असाध्य वीणा' में है या अज्ञेय के काव्य में है। इस तरह यह कविता अज्ञेय की काव्य-परम्परा से हटकर समकालीन कविता का संकेत देने लगती है। यह सवाल अलग है जो हर कृति के बारे में उठाया जा सकता है— यह कि कहाँ तक कृति है, कैसे और किस तरह है।

मुक्तिबोध की कविता को अधूरी इसलिए भी कहना पड़ता है कि यह पूरा होना नहीं चाहती, किनारे लगना नहीं चाहती। इनकी कविता तट की न होकर मझधार की कविता है। इस कविता को जब मुक्तिबोध की 'कामायनी' कहा गया है, तो 'कामायनी' के अस्वीकार के रूप में (अगर मैं कामायनी लिखता तो) ; इसे 'मनु कौन' का जब जवाब कहा गया है तो 'कामायनी' के मनु से हटकर। मुक्तिबोध की कविता के मनु की विकास-यात्रा (संशोधन को) का अन्त हिमालय के आलोक में नहीं होता, गुफा, खोह, बावड़ी आदि के अंधकार में होता है। इसलिए इनकी कविता में भीड़ों का अस्तित्ववादी अकेलापन नहीं है, जलूसों से कट जाने का अकेलापन है, घटनाओं की इतनी भरमार नहीं जितनी वारदातों की है। इन दोनों के तनाव और संवेदना में अन्तर है। अज्ञेय और मुक्तिबोध की कविता में संवेदना का गहरा अन्तर है। एक 'पूरी' लगती है, दूसरी 'अधूरी'; एक उपलब्धि का आभास देती है, दूसरी खोज का, खोज की बात चाहे दोनों में है ; एक में आत्मान्वेषण है , दूसरी में संशोधन-रूपान्तरण ; एक में तराश है, दूसरी में छील-छाल; एक में कविता की रचना है और दूसरी में मानव की रचना और कविता की रचना की प्रक्रिया एक दूसरे से बुरी तरह जुड़ी हुई है। मानव की रचना और व्यक्तित्व की खोज को एक समझना दोनों की कविता से हटकर करना होगा। अगर मानव की रचना अभी अधूरी है तो कविता की रचना किस तरह पूरी हो सकती है। जहाँ तक काव्य-भाषा का

सवाल है, दोनों में इसका संस्कार-परिष्कार, है ; लेकिन तराश की भाषा छील-छाल की भाषा से भिन्न इसलिए है कि वह अनगढ़ है, खुरदरी आदि ही हो सकती है। यह क्यों इस तरह है, इसके अपने कारण हैं। अज्ञेय ने जिस तरह छायावाद की 'काव्यात्मक' भाषा से मुक्ति पाने की कोशिश की है, उसी तरह मुक्तिबोध ने अज्ञेय की कुलीन भाषा से निजात पाने की, लेकिन दोनों को कभी-कभी असफलता का मुँह इसलिए ताकना पड़ा है कि दोनों जन्म से ब्राह्मण हैं। संस्कारों को छोड़ना या इनसे छुटकारा पाना कितना कठिन और कठोर होता है, इसका परिचय दोनों की कविता में मिल सकता है। मुक्तिबोध के कवि को प्रायः लंबी कविता की राह पर इसलिए चलना पड़ा है, ताकि वह वास्तव की जटिलता और जटिल की वास्तविकता को पकड़ सके और अज्ञेय के कवि को प्रायः छोटी कविता के रास्ते पर शायद इसलिए चलना पड़ा है, ताकि वह मौन के क्षण और क्षण की अनुभूति को कविता में उतार सके।

‘अँधेरे में’ तथा मुक्तिबोध की अन्य कविताएँ : एक अंतःसूत्र

विष्णु खरे

चूँकि आलोचक चीज़ों को समझना चाहता है और उन्हें समझाने में सहायक होना चाहता है अतः वह एक व्यवस्था-प्रिय व्यक्ति होता है, या कह लें कि एक गणितज्ञ होता है जो परिणामों से कारणों की उल्टी यात्रा करता है। अन्य बातों के अलावा वह रचनाकार की कृतियों में एक सर्वनिष्ठ थीम, मोटिफ या मोटे तौर पर कोई बुनियादी समानता (या उनका अभाव) खोजता है, जो न केवल उन कृतियों को समझने में मदद करे, बल्कि रचनाकार के भीतरी विश्व की व्यवस्था (या अव्यवस्था) को भी उजागर कर सके। यह आवश्यक नहीं कि किसी रचनाकार की समस्त रचनाएँ एक-दूसरे से जुड़ी हुई हों और उनमें सुबद्ध विकास-सरीखी कोई चीज़ देखी जा सके–युवा येट्स तथा बूढ़े येट्स की रचनाओं में कितना फ़र्क है—किंतु इस तथ्य से भी छुटकारा नहीं है कि एक ही रचनाकार की कृतियाँ एक ही व्यक्ति की होती हैं और बहुत-कुछ बदलने के बाद भी इन सबमें कुछ ऐसा होता है जो कभी नहीं बदलता, बल्कि समय के साथ-साथ और गहरा पैठता जाता है। कविता में तथा कवि में जब भी बदलाव आता है तब वह न तो अनायास होता है और न पिछले संसार से असम्बद्ध। कविता के जितने दौर आये हैं उनसे जाहिर है कि उन दौरों में लिख रहे कवि बदलते हुए समय में बदले हुए स्वयं के प्रति सर्वथा जागरूक थे। ‘पल-पल परिवर्तित’ होना अच्छी कविता का मानदंड नहीं माना जा सकता, किंतु यह भी सत्य है कि ऐसे कवियों में, जो स्वयं को नहीं बदलते, अधिकांश घटिया हैं। ईमानदार कवि के लिए बदलाव ‘मुकरना’ नहीं, जागरूक उत्तरदायित्व का भाव है।

हिन्दी की नयी कविता में अपने कृतित्व के प्रति सर्वाधिक जागरूक (मुग्ध नही) कवि मुक्तिबोध थे। ‘चाँद का मुँह टेढ़ा है’ की कविताओं को जिन्होंने सरसरी दृष्टि भी दी है, वे इससे परिचित होंगे कि वे एक गहरे जिम्मेदार, प्रतिबद्ध तथा ‘एंगेज्ड’ कवि की रचनाएँ हैं। यदि मुक्तिबोध में यह नहीं होता और सिर्फ़ एक शब्दाडम्बर होता, तो वे हमारे युग के सर्वाधिक बड़बोले कवि होते, किंतु उनमें वह प्रखरता तथा भयावह करुणा है जो उनके भावुकतम क्षणों, कल्पना की असंभवतम उड़ानों पर भी प्रश्नचिह्न नहीं लगाने

देती। उनके समक्ष कविता में उनके उद्देश्य इतने स्पष्ट हैं कि उनकी समस्त कविताएँ एक बड़ी कविता लगती हैं। मुक्तिबोध आज के महाभारत के सात्यकि तथा संजय, दोनों हैं और उनकी कविताएँ इस युद्ध को विभिन्न कोणों तथा स्थितियों से दिखानेवाले प्रत्यक्षदर्शी ब्यौरे हैं। मुक्तिबोध की कविताओं की थीम एक ही है—संघर्ष—व्यक्तिगत तथा विराट् स्तरों पर। 'चांद का मुंह टेढ़ा है' की अट्ठाईस कविताओं में चौदह स्पष्टतः उनके बाह्य संघर्ष की कविताएँ हैं, यद्यपि यह सीमांकन अन्यायपूर्ण भी हो सकता है , क्योंकि मुक्तिबोध में व्यक्ति कब विराट् स्वरूप धारण कर लेगा (इन कविताओं में 'अचानक', 'सहसा', 'इतने में ही', 'यकायक' आदि शब्द व्यर्थ नहीं हैं), यह न पाठक जानता है और न स्वयं कवि।

ऊपर जिन कविताओं को मुक्तिबोध की बाह्य संघर्ष की कविताएँ कहा गया है, उन्हें इस तरह के विभाजन में रखना सुविधाजनक नहीं है, तर्कसंगत आवश्यकता है, क्योंकि इनके एकसाथ अध्ययन से मुक्तिबोध की कविता की मौलिक 'यूनिटी' साफ़ दीख पड़ती है। कविता में यूनिटी शिल्प की भी हो सकती है और अभिव्यक्ति की भी—यानी हो सकता है कि विभिन्न 'विषयों' पर लिखी गयी कविताओं का शिल्प एक-सा ही हो अथवा शिल्प के साथ 'प्रयोग' किये गये हों, किंतु 'विषय' एक ही रहे। मुक्तिबोध की सारी कविताओं में भाषा एक-सी ही है, इससे शायद असहमति नहीं होगी। वे भाषा को एक 'इंटेंस' तथा परिष्कृत स्तर पर इस्तेमाल करते हैं और उनकी कविता के प्रभाव में भाषा का योगदान नज़रअंदाज़ नहीं किया जा सकता। शमशेर तथा माचवे का शिल्प-बाहुल्य भी उनकी कविताओं में नहीं है, किंतु इससे 'अनगढ़ शिल्प' का दयनीय मूढ़ आरोप उन पर नहीं लगाया जा सकता, क्योंकि यह सब जानते हैं कि अपनी कविताओं को उन्होंने कितनी बार सँवारा है, सुधारा है। दरअसल, मुक्तिबोध अपनी अभिव्यक्ति के लिए उपयुक्त एक शिल्प पर पहुँच चुके थे और उनकी कविता के लिए शिल्पाक्रांत लटकों की आवश्यकता नहीं रह गयी थी। किंतु भाषा अथवा शिल्प की यथावत्ता ही उनकी कविताओं को यूनिटी नहीं देती। मुक्तिबोध का काव्य एक बड़ा कैन्वस है जो विविध आकारों तथा रंगों से भरा हुआ है। उन्होंने कलात्मक सुविधा को खयाल में रखते हुए उसे कई जीवंत टुकड़ों में बाँट दिया, किंतु हर खंड में मूल बृहत्तर कैन्वस के कुछ अंश रह ही गये। इन खंडों को पहचानना होता है, आपस में इन्हें जोड़ना होता है और तब शायद उस बृहत्तर कैन्वस का एक भव्य आभास होने लगता है।

मुक्तिबोध की कविताओं में एक विराट्काय रहस्यपुरुष अनेक बार प्रकट हुआ है, 'अँधेरे में' का प्रारम्भ इसी 'कोई एक' के कमरों में चक्कर लगाने से होता है। इस अज्ञात के विषय में कुछ संकेत प्राप्त होते हैं, कमरे के पलस्तर की पपड़ियाँ गिरती हैं और वहां एक बड़ा चेहरा बन जाता है जिसकी नासिका नुकीली, हनु दृढ़ तथा ललाट भव्य है—फिर यही चेहरा जल में भी दीख पड़ता है ('चम्बल की घाटी में' आदि रचनाओं में भी चीजों

के अचानक चेहरों में परिवर्तन हो जाने के उदाहरण हैं) और आखिरकार सशरीर समक्ष आ जाता है। किंतु इस साक्षात्कार के पहले वन-वृक्षों की शाखाएँ, डालियाँ झूम-झपटकर एक-दूसरे पर पटकती हैं सिर, और ऐसा ही विप्लवी दृश्य 'चकमक की चिंनगारियाँ' में भी है, जबकि 'बाहर के पहाड़ी पेड़' जड़ में जम भयानक नाच नाचने लग जाते हैं। पेड़ों के इस प्रलयवत् नर्तन के पश्चात्, 'छिपी हुई एक तिलिस्मी खोह का शिला-द्वार खुलता है धड़ से'; 'मेरे सहचर मित्र' में भी अकस्मात्, 'जबरन' धक्के में शिला-द्वार वह गुहा-द्वार आत्मा का धड़ से खुलता है।

इस विराट् स्वरूप से मुकाबला गहरे लाल रंग में डूबे हुए वातावरण में होता है, "घुसती है लाल-लाल मशाल अजीब-सी/अंतराल विवरतम में/लाल-लाल कुहरा/कुहरे में, सामने, रक्तालोक-स्नात पुरुष एक/रहस्य साक्षात्।" 'मुझे याद आते हैं' की 'निहाई से उठती हुई लाल-लाल/अंगारी तारिकाएँ बरसती हैं जिसके उजाले में कि/एक अति भव्य देह/प्रचंड पुरुष श्याम/मुझे दीख पड़ता है'। 'पता नहीं' में "होता है प्रकट एक/वह शक्ति पुरुष/जो दोनों हाथों आसमान थामता हुआ/आता समीप/अत्यंत निकट।'' यही शक्ति-पुरुष 'एक स्वप्न-कथा' में "सागर की थाहों में पैर टिका देता है/. . .सागर का पानी सिर्फ़ उसके घुटने तक है/पर्वत-सा मुख-मंडल आसमान छूता है/अनगिनत ग्रह-तारे चमक रहे कंधों पर"; किंतु 'अंतर्कथा' में अब तक दूर से ही दीखने वाला यह रौद्राकार "कंधों पर खड़ा हुआ है/थामता नभस् दोनों हाथों से ;/भारान्वित मेरी पीठ बहुत झुकती जाती/वह कुचल रही है मुझे देव-आकृति।"

इस दुर्धर देव के तकाजे बहुत कठिन हैं—"वह बिठा देता है तुंग शिखर के/खतरनाक, खुरदरे कगार-तट पर—शोचनीय स्थिति में ही छोड़ देता है मुझको/कहता है–पर्वत-संधि के गह्वर/रस्सी के पुल पर चलकर/दूर उस शिखर-कगार पर स्वयं ही पहुँचो।" 'एक अंतर्कथा' में आकार वही है किंतु 'प्रोटेगॉनिस्ट' की आत्मीयता उसके विषय में कहती है, "मैं जनमा जब से, इस साले ने कष्ट दिया/उल्लू का पट्ठा कंधे पर है खड़ा हुआ" और आदेश भी वैसे ही है—"बिल्कुल जगे रहो/तुम दाँव अड़ाओ, तने रहो।" यह और बात है कि दोनों बार प्रोटेगॉनिस्ट पलायनवादी है और उसका यह आदेश मानना उस पर भारी है। जब यह देव हारकर अदृश्य हो जाता है, तब वह उठता है किंतु पाता है कि बाहर कोई नहीं है, केवल रात का पक्षी चीखता है—"वह चला गया. . ./उसको तू खोज अब/उसका तू शोध कर!" जिस तरह 'एक स्वप्नकथा' में यक्षिणियाँ कहती हैं, "सहस्रों वर्षों से यह सागर/उफनता आया है/उसका तुम भाष्य करो/उसका व्याख्यान करो"।

इस रहस्यपुरुष की एक मुद्रा और भी है—शांत मुद्रा–जिसमें वह गम्भीर इतिहास-अध्येता तथा लेखक दोनों है। 'एक भूतपूर्व विद्रोही का आत्म-कथन' में "रहस्य-पुरुष-छायाएँ इतिहास लिखती हैं" तथा 'मेरे सहचर मित्र' में 'रक्ताभ' दीये की

'लाल-वलय-शाली' ज्योति के नीचे "कालांतर-अनुभव ग्रंथ देश-देशांतर के पाता हुआ कोई जातवेदस् उद्दंड क्रांतदर्शी आजानुबाहु पत्थर-कुरसी पर" बैठा हुआ है।

इस दुर्धर देव के अंतर्हित होने के बाद रात गहरी होती है और मन में जागता है, "किसी अनपेक्षित/असम्भव घटना का भयानक संदेह/अचेतन प्रतीक्षा", तथा यही अंदेशा 'चम्बल की घाटी' में भी विद्यमान है, "बियावान रात/जरूर कहीं होगी आज वारदात, भयानक बात!!" किंतु जबकि 'चम्बल की घाटी में' की यह भयानक बात 'कोई छाया-रूप नकाब-पोश' के दीखने से प्रारम्भ होती है, 'अंधेरे में' की उपर्युक्त पंक्तियों के बाद विचित्र जुलूस दृष्टिगोचर होता है जिसमें शरीक "लोगों के चेहरे/मिलते हैं मेरे देखे हुओं से"। 'एक स्वप्नकथा' में भी एक जुलूस है जिसमें "चेहरों के चौखटे/अलग-अलग तरह के– अजीब हैं/मुश्किल है जानना; पर, कई/निज के स्वयं के ही/पहचानवालों का भान हो आता है।"

जुलूस के ये चेहरे "मेरे जाने-बूझे लगते, उनके चित्र समाचार-पत्रों में छपे थे/उनके लेख देखे थे/यहां तक कि कविताएँ पढ़ी थीं। उनमें कई प्रकांड आलोचक, विचारक, जगमगाते कविगण/मंत्री भी, उद्योगपति और विद्वान्" भी थे जैसे कि 'एक स्वप्नकथा' के जुलूस में अनेक मुख (नेता और विक्रेता, अफसर और कलाकार), "अनगिन चरित्र/पर चरितव्य कहीं नहीं/अनगिनत श्रेष्ठों की रूप-आकृतियाँ/रिक्त प्रकृतियाँ/मात्र की महत्ता निराकार देवलता/दिखायी देती है।" 'मुझे याद आते हैं' में काव्य-नायक पहले ही "संस्कृति के सुवासित वस्त्रों के/अंदर का वासी वह/नग्न अति बर्बर देह" देख चुका है किंतु भय अब हुआ है, "हाय-हाय! मैंने उन्हें देख लिया नंगा/इसकी मुझे और सजा मिलेगी।" शहर में मार्शल-लॉ लगा हुआ है, बलवे, अग्निकांड, गोलाबारी हो रहे हैं, किंतु इस जुलूस में सम्मिलित "सब चुप; साहित्यिक चुप और कविजन निर्वाक्/चिंतक, शिल्पकार, नर्तक चुप हैं" 'जिस तरह 'भूल गलती' के सामने पेश किये गये ईमान की उपस्थिति में 'सब खामोश/मनसबदार, शाइर और सूफी/अल गजाली, इब्ने सिन्ना, अल बरूनी/आलिमोफाजिल, सिपहसालार, सब सरदार/ हैं खामोश!' यही 'अंतःकरण का आयतन' के नगर बैबीलोन के "प्रतिष्ठित राज्य-संस्कृति के प्रभावी दृश्य/सुंदर सभ्यता के तुंग स्वर्ण-कलश/सब आदर्श/उनके भाष्यकर्ता ज्ञानवान् महर्षि/ज्योतिर्विद्, गणितशास्त्री, विचारक, कवि" हैं, जो याद आते हैं।

इन्हें नंगा देख लेने से भयभीत होकर काव्य-नायक भागता है और "दीखता है सामने ही अंधकार स्तूप-सा/भयंकर बरगद–/सभी उपेक्षितों, समस्त वंचितों/गरीबों का वही घर, वही छत" जिसे अन्य रचनाओं के अतिरिक्त 'कल जो हमने चर्चा की थी' में "सामने हमने देखा/युगांतकारी आस्थाओं का विशाल भव्य अक्षयवट" जिसकी छाया-तले 'वेगवान पीडा की कन्या' खड़ी हुई है। इस पेड़ के नीचे रहनेवाले पागल के गीत का प्रभाव कुछ यों हुआ कि "मैं खड़ा हो गया/किसी छाया-मूर्ति-सा समक्ष स्वयं के/होने

लगी बहस्/लगने लगे परस्पर तमाचे !" 'चम्बल की घाटी में' के सवालों के ढूह जब सामने खड़े होते हैं तब भी "अपने ही गोरे-गोरे हाथों को खूब मार बैठते हैं/अपने ही काले-काले हाथ" क्योंकि "मेरे ही कारण लग गया/मार्शल-लॉ वह। मानो मेरी निष्क्रिय संज्ञा ने ही संकट बुलाया/मानो मेरे कारण ही दुर्घट हुई यह घटना!" और यही आत्म-भर्त्सना 'चम्बल की घाटी में' उभरती है, "दस्यु-पराक्रम/शोषण-पाप का परम्परा-क्रम वक्षासीन है/जिसके कि होने में गहरा अंशदान/स्वयं तुम्हारा... उसको बढ़ाने में तुम्हारा भी योग है।"

यह आत्मालोचन समाप्त हो कि यकायक "ऊपर से गिरकर/कंधे पर बैठ गया बरगद-पात एक/क्या वह संकेत, क्या वह इशारा? क्या वह चिटठी है किसी की?" इसी तरह 'चकमक की चिनगारियाँ' के गुजरते चाँद ने 'लिफाफा एक नीला' दूर से फेंक दिया था और किसी ने बहुत आतुर हो उसे फिर-फिर पढ़ा था। आगे स्वयं प्रोटेगॉनिस्ट गिरता है "चुपचाप पत्र के रूप में/किसी एक जेब में वह जेब/किसी एक फटे हुए मन की।"

इशारा पाने के बाद पुनः पलायन प्रारम्भ होता है। कहीं छिप बैठने का मौका है कि 'स्वप्न में स्वप्न' दीखता है जिसमें दीप्त हो रही हैं मणियाँ, जो "दीप्ति में वलयित रत्न नहीं हैं" वरन् "अनुभव, वेदना, विवेक-निष्कर्ष/मेरे ही अपने यहाँ पड़े हुए हैं" जो 'ओ काव्यात्मन फणिधर' के "चुपचाप धँसाये गये, छिपाये गये रत्न मन के, जन के" मूल्य-सत्य "इस जग के परिवर्तन में हैं।" पछतावा है कि "मैंने उन्हें गुहा-वास दे दिया/लोक हित से कर दिया वंचित, जनोपयोग से वर्जित किया और/निषिद्ध कर दिया खोह में डाल दिया", क्योंकि काव्यात्मन फणिधर के लिए वे "बहुत असुविधाजनक थे/इसलिए कि उनसे होता था/पट-परिवर्तन, यवनिका-पतन/मन में, जग में!"

पुनः आस-पास की भयावह स्थिति का आभास होता है कि चारों ओर 'बूढ़े असंभव पक्षी' तेज निगाहों से टोह ले रहे हैं, जो 'मेरे सहचर मित्र' में 'सामाजिक जंगल के घुग्घू', 'चकमक की चिनगारियाँ' में 'उग्र, जंगली आँख' वाले समुद्री पक्षी, 'इस चौड़े ऊंचे टीले पर' के "चमकती सावधान आँखों से देख रहे बूढ़े पंछी" तथा 'चम्बल की घाटी में' के "दानवी किसी बदनीयती के सावधान गिद्ध" हैं जिन्हें देख 'खुर्राट निगाहें' याद आती हैं।

पहरेदारों तथा टैंकों से बचकर भागता हुआ काव्य-नायक जैसे ही तिलक की प्रतिमा के पास आता है कि "पाषाण-पीठिका हिलती-सी लगती/...कण-कण काँप रहे" जिनमें से झरते 'नीले इलेक्ट्रान/... मूर्ति के तन से झरते हैं अंगार मुस्कान पत्थरी होठों पर कापी'। 'डूबता चाँद कब डूबेगा' में प्राचीन योद्धा की मूर्ति भी हिलती दिखायी देती है, "देखता हूँ कि चल रही साँस/...वे होंठ हिले, वे होंठ हँसे।" 'द्युति-पुरुष'– में गांधी जब शिशु सौंपकर अदृश्य हो जाते हैं और कह जाते हैं कि 'सँभालना इसको, सुरक्षित रखना'

तब 'डूबता चाँद कब डूबेगा' का 'आत्मा-रूपी माता' का त्यागा हुआ 'जीवन का आत्मज सत्य' स्मरण हो आता है जो 'अनुभव-बालक' है, तथा जिसे गोद में उठाकर काव्य-नायक खुश-खुश घर लौटा था। सहसा शिशु रो उठता है और यह रुदन 'अतिशय परिचित' है, 'पहले भी कई बार कहीं तो सुना था।' 'एक अंतर्कथा' में भी प्रोटगॅनिस्ट का विचित्र अनुभव है, "सिर पर की टोकरी-विवर में मानव-शिशु/वह कोई सद्योजात/मृदुल-कर्कश स्वर में/रो रहा/सच, प्यार उमड़ आता उस पर।" किंतु शिशु-स्वर में शिकायत गहरी है, भयंकर क्रोध है और पुचकारने-दुलारने पर भी वह चीखता है, "वह शिकायतों से भरा बाल स्वर मंडराता/प्रिय बालक दुर्भर, दुर्धर है!" यह शिशु कौन है? "वह है मानव-परम्परा/चिंघाड़ता हुआ उत्तर यह" और इसीलिए "... खुश बहुत हूँ।/जिसको न मैं इस जीवन में कर पाया/वह कर रहा है।"

यह शिशु अदृश्य होता है, सूर्यमुखी पुष्प उसका स्थान लेते हैं, उनकी जगह कंधे पर राइफल होती है और काव्य-नायक एक कमरे में पहुँचता है जिसमें वह 'इस चौड़े ऊँचे टीले पर' में "पहले भी आया था, मैंने यह कमरा देखा है।" पहली बार प्रश्न था, "यह कौन यहाँ जो लेटी है/मृत आकृति पीली जड़ीभूत" किंतु अब "इस कमरे के बीच में . . . जमीन पर पसरा/फैलाये बाँहें" जो 'ढह पड़ा आखिर', "वह कलाकार था गलियों के अँधेरे का, हृदय में, भार था।" हृदय में स्वप्न व ज्ञान व जीवनानुभव, जो हलचल करता था, वह किसी को दे न पाया था। 'इस चौड़े ऊँचे टीले पर' में प्रश्न है, "दिन-रातें-जिसकी तीव्र दृष्टि से विवेचिता/पल-क्षण-जिसके भाष्यों से जीवन के स्रष्टा/जीवन जिसकी प्रेरणा-व्यथा का वाहक था/उसकी महिमा अब बिला गयी/किसने उसकी हत्या कर दी?" उत्तर 'अँधेरे में' प्राप्त है—वह अचानक झोंक में कुछ कर बैठा और संदेहास्पद समझा गया तथा उसकी हत्या कर दी गयी। इस तरह "मर गया एक युग, मर गया एक जीवनादर्श!"

इस कमरे से वह उतरा ही था कि सहसा घेर लिया गया तथा 'आततायी सत्ता के सम्मुख'—'भूल गलती' के सामने 'कैद कर लाया गया ईमान'—प्रस्तुत किया गया। फिर 'चाँटे से कनपटी टूटी कि अचानक/त्वचा उखड़ गयी गाल की पूरी/कान में भर गयी/भयानक अनहद नाद की भनभन।' यह पहले भी हुआ है 'चकमक की चिनगारियाँ' में "सहसा कनपटी पर जोर से आघात/आँखों सामने विस्फोट" होता है तथा 'इस चौड़े ऊंचे टीले पर' में "मानो कि कनपटी पर अनपेक्षित अकस्मात आघात/कि थप्पड़ है/.. मस्तक की छत फूटने लगी, अपनी छाती पीटता हुआ नाद अनहद/सिर में भटका।" उसके पश्चात शुरु होती है "बाकायदा थर्ड डिग्री. . . (और मैं सुनता हूँ कि चिढ़ी हुई ऊँची/खिझलाई आवाज) स्क्रीनिंग करो मिस्टर गुप्ता/क्रॉस-इक्ज़ामिन हिम थौरोली।" यह आवाज निस्संदेह 'इस चौड़े ऊँचे टीले पर' के उस बड़े अफसर की है जिसकी सत्ता

है, जो कमरों और परदों के पीछे "सबके अंदर ठीक केंद्र में बैठा है, जिसका आतंक बहुत है।" किंतु यह अत्याचार विफल होता है और उसे रिहा कर दिया जाता है और वह देखता है कि "मेरे ही विक्षोभ-मणियों को लिये/मेरे ही रत्नों को लेकर/बढ़ रहे लोग" किंतु उसे कोई मलाल नहीं है क्योंकि 'ओ काव्यात्मन फणिधर' में स्थिति पहले ही स्पष्ट है, "शोक मत करो नागात्मन. . .! आ गए तुम्हारी अनुपस्थिति में लोग प्रतीक्षा जिनकी थी/ले गये ज्वलंत द्युति प्रस्तर-धन!!/अब उन रत्नों का अर्थ दीप्त होगा/उनका प्रकाश घर-घर पहुँचेगा फिर से।"

प्रकाश पहुँचता है। विप्लव होता है। कहीं आग लगती है, कहीं गोली चलती है: "मकानों की छत से गाडर कूद पड़े धम से/घूम उठे खम्भे /भयानक वेग से चल पड़े हवा में।" 'चकमक की चिन्गारियाँ' में "बिल्डिंग गूँजती है, काँप जाती है/दीवालें ले रहीं आलाप/. . . उखड़ते चौखटों में ही खड़ाखड़ खिड़कियाँ नचतीं।" अत्याचार की सरकार बरखास्त हो चुकी है और सड़कों पर भीड़ तथा सरकारी फौजों के बीच मुठभेड़ें हो रही हैं, जिनमें "एक-एक वस्तु या एक-एक प्राणाग्नि बम हैं" जो शून्याकाश से होते हुए अरि पर अनिवार टूटते हैं। इस क्रांति के फलस्वरुप "युवकों में होता जाता व्यक्तित्वांतर" जो 'जब प्रश्नचिह्न बौखला उठे' में "यह अग्नि-विश्वजित फैली है जिन लोगों की वे नौजवान हैं।"

स्वप्न टूटता है। चित्र बिखर गये हैं, कवि अकेला है। स्वप्न स्मरण आता है, जैसे "कल रात किसी अनपेक्षित क्षण में ही सहसा प्रेम कर लिया हो।" वह 'अज्ञात प्रणयिनी कौन थी, कौन थी?' वह प्रेमिका 'चकमक की चिनगारियाँ' की 'जनसंग-ऊष्मा' है, "महत सम्भावनाओं की उजलती एक रेखा : जिसका श्याम भोला मुख (बहुत प्यारा) मुझे दिखता कि पाता हूँ—"मुझे ही देखती रहती/मनो-आकार-चित्रा वह सुनेत्रा है।"

यह वास्तव में सौभाग्य का विषय है कि यह बात प्रमाणित सत्य है कि 'अँधेरे में' मुक्तिबोध की अंतिम रचना है। यह भी कोई संयोग नहीं है कि यह उनकी सबसे लम्बी कविता है। यह तो मैं नहीं कहूँगा कि उन्हें इसका आभास था कि यह उनकी अंतिम कविता होगी—"नहीं होती, कहीं भी खत्म कविता नहीं होती"—किंतु यह सोचने की इच्छा होती है कि इस कविता में मुक्तिबोध एक 'समिंग-अप' कर रहे थे। अपनी पिछली कविताओं में निस्संदेह उन्हें ऐसी सामग्री बिखरी हुई दीख पड़ी जिसे एक महाकाव्यवत् अभिव्यक्ति देना आवश्यक लगा होगा। उस सामग्री का 'अर्थ' क्या है तथा इसके पीछे कौन-सी प्रेरणाएँ कार्यरत हैं, इस प्रश्न का उत्तर यहाँ अभीष्ट नहीं है। मैं यहाँ यही कहना चाहता हूँ कि मुक्तिबोध की इस रचना को अकेले देखना-परखना उचित नहीं है, बल्कि ख़तरनाक है, क्योंकि उससे सम्बद्ध कई प्रश्नों का उत्तर हमें अन्य कविताओं में या इनके सहारे प्राप्त होता है। उन अध्येताओं को, जो एक-एक कविता को पकड़कर चलते हैं,

मुक्तिबोध की स्वतंत्र कविताओं से जो हासिल होगा, वह अधिक नहीं होगा। इसके सारे प्रमाण मौजूद हैं कि 'अँधेरे में' एक स्वतंत्र कविता होते हुए भी एक 'स्ट्रेटिफ़िकेशन' (स्तर-बहुल रचना) है और उसका सही मूल्यांकन मुक्तिबोध की अन्य कविताओं को समानांतर रखकर ही सम्भव है।

मुक्तिबोध : अँधेरे में गहरी छानबीन

प्रभाकर श्रोत्रिय

नई कविता (और देखा जाये तो कविता-मात्र) को लेकर मुक्तिबोध ने एक सवाल उठाया था कि क्या कविता को 'तीव्र संवेदनात्मक प्रतिक्रिया' या 'क्षण-विक्षण की प्रतिक्रिया' होना चाहिए अथवा उसमें 'टोटल पर्सनेलिटी इन्वाल्व्ड' होनी चाहिए? टोटल पर्सनेलिटी को स्पष्ट करते उन्होंने कहा कि "कथ्य अपने पूरे तत्वों को मूर्तिमान करते हुए पाठक के हृदय में अपने प्रभाव को घनीभूत कर दे।" अब जरा यह प्रश्न हम खुद मुक्तिबोध की कविता से ही पूछें? जब लम्बे और जटिल अनुभव से गुजरते हुए, उसे समीक्षित और विवेचित करते हुए, मुक्तिबोध शिल्पी-जैसे धैर्य और तन्मय बेचैनी से अपनी कविता का प्रदीर्घ व्यक्तित्व उकेरते हैं, तो उनका अभिप्राय सही परिप्रेक्ष्य में अपने समय को, उसके अंतर्भूत संवेदनों को परिभाषित करते हुए, कथ्य को पाठक के हृदय में घनीभूत कर देना होता है। महज आत्माभिव्यक्ति या क्षण की प्रतिक्रिया को उनके यहाँ काव्यत्व की गरिमा कभी नहीं मिली।

कविता को सम्पूर्ण व्यक्तित्व, स्वयं कवि के व्यक्तित्व सन्निवेश से मिलता है, जो मुक्तिबोध के लिए जीवन-व्यापार में अपने 'आत्म' के विनिमज्जन का ही दूसरा नाम है। यह विनिमज्जन प्रवाह में बहने की तरह हो, यह कतई ज़रूरी नहीं है, बल्कि मुक्तिबोध के काव्य में यह द्वन्द्व जीवन-व्यापार के अंतर्विरोधों के बीच संघर्ष के माध्यम से ही हुआ है।

इसे परखने के लिए हम उनकी कुछ कविताएँ ले सकते हैं। लेकिन अगर किसी अकेली कविता में 'सम्पूर्ण व्यक्तित्व' की धारणा को पाया जा सकता है, तो वह है—'अँधेरे में'। इतना वैविध्य और अन्विति, संघर्ष और प्राणशक्ति, कथ्य और शिल्प की सम्पूर्णता शायद ही उनकी दूसरी कविता में एकत्र मिल सके।

मसलन पहली चीज तो यही है कि मुक्तिबोध मनुष्य की प्राण-शक्ति को उद्दीप्त कर, उसे वैयक्तिक और सामूहिक संघर्ष के लिए तैयार करना चाहते हैं– जो अनिवार्यतः आस्थामूलक है। 'अँधेरे में' कविता में एक ओर यदि गुह्य, काले और भयावह संसार

पर उनकी दृष्टि है तो दूसरी ओर भूमि के भीतर-भीतर बिछे बिजली के जीवित तारों की तरह गुप्त जन-क्रांति की विद्युत-तरंगों की खोज में भी वे सन्नद्ध हैं। इसलिए काव्य-नायक (जो स्वयं कवि है) भूगर्भ के अँधेरे में खोज-यात्रा करता है, जहाँ आखिरकार उसे 'मणि-तेजस्क्रिय (रेडियो-ऐक्टिव) रत्न बिखरे मिलते हैं। इस माने में यह अँधेरे लोक की नकारात्मक यात्रा नहीं है, एक विधायक और आस्थामयी उपलब्धि-यात्रा है। मुझे कहने की इजाजत दी जाये कि केवल इस सक्रिय संधान की दृष्टि से भी मुक्तिबोध नई कविता के अन्यतम कवि हैं। जिस दौर में 'क्षण' या तीव्र मानसिक संघात की प्रतिक्रिया ने कविता का दर्जा हासिल कर लिया था, मुक्तिबोध सोद्देश्य, लम्बी और प्रगतिशील आस्था से सम्पन्न कविताएँ लिख रहे थे, शायद फैशन से कटने का खतरा मोल लेकर भी।

द्वन्द्व की शक्ति को उन्होंने इस कदर पहचान लिया था कि वे साम्यवाद की भाषा में प्रतिक्रियावादियों या साहित्य की भाषा में कलावादियों और अति यथार्थवादियों के शिल्प का कविता में जानबूझकर इस्तेमाल कर रहे थे। उनकी कविता में निहित 'फैंटेसी' और 'श्यामल रंग' को देखकर कुछ जड़ीभूत धारणाओं वाले समीक्षक उनमें प्रतिक्रियावाद की आशंका करने लगे हैं—बिना उसके प्रयोजन और अंतर्निहित आशय को समझे-बूझे। मैं समझता हूँ कि अंतर्विरोध और द्वन्द्व को अपने व्यक्तित्व में पूरी तरह सन्निविष्ट किए बिना कविता में द्वन्द्व की वैसी समग्र अवधारणा हो ही नहीं सकती– जैसी मुक्तिबोध में है।

कलावादियों और अति यथार्थवादियों की 'फैंटेसी', जो कल्पना की उड़ान भरने, या आदर्श के दिव्यलोक रचने अथवा दमित वासना के अवचेतन बिम्ब उपस्थित करने के काम आती रही है, मुक्तिबोध के यहाँ बूर्ज्वा और प्रतिक्रियावादी समाज को निर्वस्त्र करने या वास्तविकता का साक्षात्कार करने का सर्जनात्मक औजार बन गई है। मुक्तिबोध ने शमशेर की काव्य-प्रक्रिया के बारे में जो प्रश्न उठाया है, वही हम स्वयं उनकी काव्य-प्रक्रिया के बारे में उठायें कि 'काव्य-व्यक्तित्व के भीतर वह कौन-सी सक्रिय आवश्यकता होती है जो अपने अभिव्यक्ति-शिल्प का विकास करती है'—तो हमें लगेगा कि मुक्तिबोध ने यह महसूस कर लिया था कि बाह्य जगत् इतना गोचर या स्थूल नहीं है कि उसे सतही प्रेक्षण के जरिये जाना जा सके। उसमें इतनी जटिल गुह्यता और अंतर्विरोध है कि उसे अंतर्दृष्टि से ही जाना जा सकता है। वस्तुतः अंतःअन्वेषण की बुनियादी और सक्रिय आवश्यकता ने ही मुक्ति के फैंटेसी-शिल्प का बोध-निर्माण किया है। मार्क्स ने जिस द्वन्द्वात्मक भौतिकवाद को इतिहास, समाज, अर्थरचना और राजनीति के विश्लेषण से पाया है, वही मुक्तिबोध ने आत्म-संघर्ष के अंतःप्रयत्नों से कविता में उपलब्ध किया है। महज दृश्य यथार्थ के रैजिमेंटेशन में बँधने से उन्होंने– पिछले दौर के प्रगतिवादियों के विरुद्ध– इन्कार कर दिया। अवचेतन की ऊहापोह का उपयोग करते हुए उन्होंने व्यवस्था, प्रतिष्ठान और वस्तु-जगत् को निरावृत करने की कोशिश की है। इस अंतर्तत्व को

पहचानकर ही मुक्तिबोध के शिल्प को परिभाषित करने की जरूरत है। हावर्ड फास्ट ने अपनी पुस्तक 'लिट्रेचर एण्ड सोसाइटी' में इस बारे में बातचीत की है कि यथार्थ की कसौटी क्या होगी: लेखकों की विशिष्ट शैली या वस्तुनिष्ठ सत्य का अन्वेषण? सम्भव है कोई कृति ऊपर से यथार्थवादी दीख पड़े, लेकिन यह जरूरी नहीं है कि उसका यथार्थ से रिश्ता हो ही। इससे उल्टी बात भी कही जा सकती है। यानी, वस्तुनिष्ठ सत्य का अन्वेषण ही रचना की कसौटी होगी। यही बात प्रकारांतर से मुक्तिबोध ने कामायनी की विवेचना करते हुए कही है कि "यथार्थवादी शिल्प और यथार्थवादी दृष्टिकोण में अंतर है। यह बहुत सम्भव है कि यथार्थवादी शिल्प के विपरीत जो भाववादी शिल्प है, उस शिल्प के अंतर्गत जीवन को समझने की दृष्टि यथार्थवादी रही हो।" यानी हमारा विश्लेषण शिल्प के वास्तविक इरादे को लेकर ही होना चाहिए। इस दृष्टि से यदि हम 'अँधेरे में' की फैंटेंसी पर विचार करें, तो उसमें बहुस्तरीय सक्रियता पाएँगे।

एक स्तर पर फैंटेसी अंतर्दर्शन की प्रक्रिया है, जिसके सम्मुख साम्राज्यवादी, पूँजीवादी और फासिस्ट प्रतिष्ठानों की गतिविधियों के रहस्यमय, गूढ़ और गुह्य तिलिस्म खुल जाते हैं। इस तरह अवचेतन का शिल्प सत्य-दर्शन का शिल्प बन जाता है :

> भीतर का राक्षसी स्वार्थ अब
> साफ उभर आया है,
> छिपे हुए उद्देश्य
> यहाँ निखर आये हैं।

दूसरे स्तर पर फैंटेसी दिक-काल को अन्वित करती है और दृश्यमान असम्बद्धता को किसी अंतर्हित ज्ञानात्मक संवेदनात्मक ज्ञान के द्वारा सूत्रबद्ध करती है। जग-दर्शन की भूमिका में ही काव्य-नायक को सितारों के बीच टालस्टाय दिखायी देते हैं, जो उसके अनलिखे उपन्यास के केन्द्रीय संवेदन की तरह हैं, 'दबी हाय-हाय-नुमा' हैं। इसके तुरंत बाद वह बहुचर्चित प्रोसेशन दिखायी देता है, जिसमें उस शहर की मृतात्माएँ जुलूस की शक्ल में चली आ रही हैं। कहाँ टाल्स्टाय और कहाँ उस शहर की मृतात्माएँ? इन दोनों दृश्यों के बीच ऊपर से कोई तारतम्य नहीं दिखायी देता; लेकिन भीतर उतरने पर उनका गहरा सम्बन्ध प्रकट होता है। मुक्तिबोध के एक निबंध में टालस्टाय का जिक्र यों आया हैं : "टाल्स्टाय की नैतिक भावना की मूल पीड़ा, जिन परिस्थितियों में बद्व और ग्रस्त जिस टाइप में हो सकती हैं, वह परिस्थिति और व्यक्तित्व का वह टाइप आज भी हमारे भारतीय जीवन में (जैसा !) जिया जाता है, पाया जाता है।" इस अर्थ में टाल्स्टाय को पहचानने पर क्या यह स्पष्ट नहीं हो जाता कि आगे आनेवाली मृतात्माएँ उनकी मूल पीड़ा की ही प्रतीक हैं? यह भी तथ्य है कि बूर्ज्वा कला के विरुद्ध सामाजिक दृष्टि-सम्पन्न साहित्य का प्रारम्भ योरप में टॉल्स्टाय से ही हुआ है। इस माने में टाल्स्टाय एक ऐसी मर्मभेदी

दृष्टि बनकर यहाँ उपस्थित हैं जो प्रतिष्ठित बड़े नामों के निगेटिव्स देख लेते हैं।

एक अन्य स्तर पर फैंटेसी जनक्रांति की आद्योपन्त प्रक्रिया, उसमें बुद्धिजीवियों, कलाकारों और चिंतकों की निष्क्रिय और पलायक भूमिका का मर्म खोलती है। मुक्तिबोध साहित्यकारों और बुद्धिजीवियों की जनक्रांति के सिलसिले में अकर्मण्यता से बराबर चिंतित रहे हैं। 'एक साहित्यिक की डायरी' में उन्होंने गरीबों की हालत का बयान करते हुए हिन्दी में और भारतीय जीवन में किसी संगठित हलचल के अभाव के प्रति गहरा दुःख प्रकट किया है।

'अँधेरे में' में एक कलाकार का रूपायन है जो आतंकवादियों के हाथों मारा जाता है। आखिर क्यों ?

वह कलाकार था।
गलियों के अँधेरे का हृदय में भार था।
पर कार्यक्षमता से वंचित व्यक्ति
चलाता था अपना असंग व्यक्तित्व !

क्रांति में सक्रिय भूमिका के अभाव में प्रतिक्रियावादियों के हाथों कलाकार का यही हश्र होना है, अन्यत्र जन-क्रांति के क्षणों में फिर उन्होंने इनकी भूमिका पर टिप्पणी की है;

सब चुप,
साहित्यिक चुप और कवि-जन निर्वाक्।
चिंतक, शिल्पकार नर्तक चुप हैं।
उनके खयाल से यह सब गप है।

इसके विपरीत काव्य-नायक–जो स्वयं भी कलाकारों और बुद्धजीवियों का प्रतीक है–का व्यक्तित्व तीव्र गत्यात्मक बेचैनी से भरा है। वह जो इतना बेतहाशा भागता और मोड़ पर घूमता जाता है, वस्तुतः गत्यात्मक परिवर्तन के द्वारा, बेहतर संसार, बेहतर स्थितियों और सक्रियताओं की बेचैन तलाश करता है। इस पूरी यात्रा में जगत् कहीं नहीं छूटता, बल्कि सार्थक ढंग से जुड़ता जाता है। इसलिए यद्यपि शुरू में सब-कुछ देखते हुए भी काव्य-नायक सामाजिक सक्रियता की दृष्टि से निस्सहाय और भीरु बना रहता है, लेकिन जन-यूथ में आत्म को विसर्जित करने की निरंतर बेचैनी उसे क्रांति के जुलूस में शामिल करवाती है, और एक कलाकार की ईमानदार भूमिका का निर्वाह करता है।

यहीं प्रसंगवश मुक्तिबोध के काव्य में अक्सर फैले काले और अँधेरे रंगों का राज़ भी जान लेना चाहिए। पहली बात तो यह है कि उन्होंने इसका इस्तेमाल खुद तकनीकी अर्थ में नहीं किया है, बल्कि सामाजिक वैषम्य और उसकी प्रतिक्रिया में संगठित प्रयत्न

के अभाव में उपजी संवेदित मन की असहाय पीड़ा ने स्वयमेव उनके काव्य में श्यामल और बोझिल रंगों का रूप ले लिया है। यद्यपि इस रंग में निहित आशय को तो उन्होंने नहीं बदला, लेकिन उसकी अराजक उपस्थिति को वर्जित और संयमित कर दिया है। काला रंग तो है, मगर उसे चीरकर एक उजली प्रभा-रेखा बराबर उभरती रहती है और अंततः कवि के अपने रचना-संसार में काले रंग का ध्वंस हो जाता है। अनुभूत अंधकार को आत्मग्रस्तता से निकालकर सामाजिक और आशामयी चेतना में रूपांतरित कर पाना उनकी अदम्य प्राण-शक्ति और आस्था का प्रतीक है।

फैंटेसी के विभिन्न स्तरों की चर्चा के बाद अब हम फिर से लौटते हैं। 'अँधेरे में' की फैंटेसी का उपयोग कवि ने काव्य की रचना-प्रक्रिया और उसकी सक्रिय वस्तुनिष्ठ भूमिका की अभिव्यक्ति के रूप में किया है। इस माने में सारी कविता 'परम अभिव्यक्ति' की खोज है। यह 'परम अभिव्यक्ति' कोई सिद्धों, संतों या रहस्यवादियों की नहीं है। मुक्तिबोध ने काव्य की सार्थकता के लिए 'परम' शब्द को प्रचलित उदात्तीकरण के वजन पर जीवन के अंतर्गत, जीवन से जूझने और उसमें प्रसरित होने के अर्थ में प्रयुक्त किया है। इस माने में, रहस्यवादी या आदर्शवादी ऊँचाई से भिन्न काव्य की सम्पूर्णता को एक प्रगतिवादी भाषा दी है। उनकी परम अभिव्यक्ति का अर्थ है—सत, चित्, वेदना की सक्रिय और सर्जनात्मक अभिव्यक्ति।

यह परम अभिव्यक्ति मनस्तत्व में कैसे तरंगायित, बिम्बित और अंततः प्रतिफलित होती है, किन आंतर और बाह्य स्तरों पर टकराती है, झिलमिलाती और सम्पूर्ण जीवन-जगत् में अंतः प्रविष्ट होकर सार्थक होती है—यह सब इस कविता के दौरान निरंतर अनुभव किया जा सकता है।

'परम अभिव्यक्ति' पहले ध्वनि और फिर चाक्षुष बिम्बों में उपस्थित या तरंगित होती है। दूसरे शब्दों में अंतर्तत्त्व और वस्तुतत्त्व ही तरंगित होकर मानसिक दृष्टि के सम्मुख उपस्थित होते हैं। यहीं बोध-पक्ष या ज्ञानवृत्ति सक्रिय होती है, जिसका प्रतीक वह मशाल है जो (मन के) गुहा-द्वार में परम अभिव्यक्ति को आलोकित करती है। मनःचक्षुओं के सम्मुख अंतस्तत्व की अभिव्यक्ति का यह प्रथम क्षण है। दूसरा क्षण मुक्तिबोध के अनुसार सक्रियता और तटस्थता का मिला-जुला क्षण होता है। एक ओर तो मन अंतस्तत्व या वस्तुतत्त्व में निमग्न होता है, लेकिन दूसरी ओर ज्ञानवृत्ति उसे तटस्थ बनाती है, जो मन में एक खास किस्म की समझदारी विकसित करती है।

जब अभिव्यक्ति साँकल बजाती है, तब उससे मिलने की उत्सुकता के बावजूद (उसे देखकर प्यार उमड़ता है अनायास) आत्म-व्यक्तित्व उससे बचने या निरपेक्ष होने की कोशिश करता है :

> अरे भाई, मुझे नहीं चाहिए शिखरों की यात्रा,

मुझे डर लगता है ऊँचाइयों से
बजने दो साँकल ! ! !

यहाँ कर्मवृत्ति और बाहरी पर्यालोचन की दुहरी स्थिति उत्पन्न होती है; लेकिन जब इस विकल्प का अंत होता है तो काव्य-नायक दरवाजा खोलकर बाहरी जगत् का पर्यालोचन करता है। नतीजा यह होता है कि कल्पना उद्दीप्त होकर उस संवेदित अंतस्तत्त्व को अपने 'समरूप' अनुभवों और जीवन-मूल्यों से संश्लेषित करती है और एक संश्लिष्ट जीवन-चित्रशाला उपस्थित कर देती है। इसे मुक्तिबोध के शब्दों में 'कला का दूसरा क्षण' कहा जाना चाहिए। यही वह क्षण होता है जिसमें कलाकार का वेदनात्मक और संवेदनात्मक अभिप्राय किसी व्यापक मार्मिक जीवन-महत्त्व से न्यस्त हो जाता है :

पैरों से महसूस करता हूँ धरती का फैलाव
हाथों से महसूस करता हूँ दुनिया
मस्तक अनुभव करता है आकाश
दिल में तड़पता है अँधेरे का अंदाज

यही कारण है कि आत्मतत्त्व इतना महत्वपूर्ण मालूम होता है कि उसकी अभिव्यक्ति के लिए कलाकार तड़प उठता है। इसी छटपटाहट को मुक्तिबोध 'कला का तीसरा, सबसे लम्बे संघर्ष का ' क्षण कहते हैं। 'दूसरे क्षण' की संश्लिष्ट जीवन-चित्रशाला खुल पड़ती है—यही चित्रशाला 'अँधेरे में' कविता है। दरअसल पूरी कविता ही अभिव्यक्ति की छटपटाहट है। जब यह संघर्ष, यह छटपटाहट खत्म हो जाती है—तो कलाकृति पूर्णतः सामने आ जाती है। महाप्राण कवियों की छटपटाहट बहुत दीर्घ होती है। मुक्तिबोध की कविता का निरंतर खिंचते जाना इस बेचैनी की सुदीर्घता ही है।

'अँधेरे में' की स्वप्न-कथा जहाँ समाप्त हो जाती है, वहीं सुबह हो जाती है। यह एक तरह से संघर्ष की समाप्ति और सन्तोष का प्रतीक है, जिसकी अभिव्यक्ति अंतिम पंक्तियों में हुई है। 'हृदय में रिस रहे ज्ञान का तनाव' यहाँ पूर्णतः शमित हो जाता है। मुक्तिबोध ने कविता को 'आत्म-संघर्ष' कहा है। 'अँधेरे में' कविता इसे नाटकीय ढंग से प्रस्तुत करती है। यहाँ नाटकीय द्वन्द्व मुख्यतः आलोचक–मन और आलोचित आत्म-व्यक्तित्व के बीच घटित होता है। यदि हम इसकी वैचारिक बुनियाद तक पहुँचना चाहें तो यह बूर्ज्वा साहित्य (जो मूलतः आत्मग्रस्त अवसाद और समाज से पलायन का प्रतीक है) की मार्क्सवादी आलोचना है। दूसरे शब्दों में, यह प्रतिगामी व्यक्तिवाद का सामाजिक यथार्थ से द्वन्द्व है।

काव्य-नायक अँधेरे कमरे में बैठा है, जो वैयक्तिक चेतना-वृत्त है। उसका मन एक खोह है, जिसमें अंतःप्रज्ञा की मशाल से वह परम अभिव्यक्ति के रक्तालोक-स्नात

व्यक्तित्व का साक्षात्कार करता है। यह वस्तुतः अपनी ही अस्मिता का प्रत्यभिज्ञान है। जब रूप और प्रतिरूप या बिम्ब और प्रतिबिम्ब, जो सारतः एक हैं, आमने-सामने खड़े होते हैं, तो एक नाट्य स्थति उत्पन्न होती है। इसके बाद यह नाट्य स्थिति नाटकीय द्वन्द्व में बदल जाती है, क्योंकि रूप और प्रतिरूप में (सारतः ऐक्य होने के बावजूद) क्रियागत वैषम्य है। प्रतिरूप, रूप को बाहर निकलने का आह्वान करता है और रूप उसके प्रति स्नेह और आकर्षण का अनुभव करते हुए भी उससे कतराता, भयग्रस्त होकर छिपता है। इसके बाद यह द्वन्द्व दर्शक और दृश्य में बदल जाता है। चूँकि दृश्य निरंतर सक्रिय और त्वरित गतिशील है, इसलिए दर्शक भी अपनी टूटी-फूटी गति लिये उससे जूझता है। इस केन्द्रीय नाट्य का अंतिम पहलू है प्रतिरूप की पहचान। रूप ने उसे व्यक्ति के रूप में पहचानना चाहा था, लेकिन वह मिलता है 'जगत्-रूप' में। जो अभिव्यक्ति ध्वनि-संकेत के रूप में जिन्दगी के अँधेरे कमरे में लगातार चक्कर लगाती थी और जानी नहीं जा रही थी, वह अतंतः काव्य-नायक को जग में लगातार घूमती दीख पड़ती है। यही मुक्तिबोध के आत्म-संघर्ष की पहचान भी है, उन्होंने कहा भी है—"अपनी मुक्ति के रास्ते अकेले में नहीं मिला करते।"

मुक्तिबोध की अभिव्यक्ति का एक विशिष्ट लक्षण है—उसका संकटापन्न होना। परम अभिव्यक्ति के स्पष्ट प्रत्यभिज्ञान के क्षण में जंगली हवाएँ (मशाल बुझा देती है। ये जंगली हवाएँ) जंगल व्यवस्थाएँ हैं, फासिस्ट वृत्तियाँ हैं, निहित स्वार्थ हैं। वे जगह-बेजगह (दृढ़ निश्चय और क्रान्ति के ठीक मौके पर) गला घोंटती, गोली चलाती, खोपड़ी उधेड़ती या धकापेल मचाती हुई दीख पड़ती हैं। ये उसके संघर्षशील आत्म, आस्था और अन्तर्दृष्टि को खत्म करने पर तुली हुई हैं। इस जंगली व्यवस्था को यह कतई पसंद नहीं है कि कोई उसे नंगी असलियत में देखे, उसके खिलाफ़ खड़ा हो या किसी को खड़ा करे। इस तरह काव्य-नायक के आगे 'विराम', 'डाट', 'डैश' लगे रहते हैं।

मुक्तिबोध के लिए काव्य एक सांस्कृतिक प्रक्रिया है। लेकिन संस्कृति से प्राप्त होकर भी वह अपना पुनः सृजन-पुर्नपरीक्षण करती है और अपने लिए मार्ग का चुनाव करती है। कविता में कवि को गाँधी से एक बच्चा मिलता है, वास्तव में यह वसीयत है, परम्परा का दायित्व है। लेकिन क्रांतदर्शी द्रष्टा के पास आकर वही अपना रूपांतरण कर लेती है। गाँधी के पास चुप बच्चा काव्य-नायक के पास आकर चीखने लगता है—(क्या यह अहिंसक क्रांति के विरुद्ध आवाज या असंतोष तो नहीं है?) इतना ही नहीं, वही बच्चा आगे चलकर सूरजमुखी का फूल हो जाता है और फिर बंदूक। जहाँ यह रूप-परिवर्तन, परिवर्तित यथार्थ की ओर इशारा करता है, वहीं इससे यह संकेत भी मिलता है कि परम्परा के प्रति तीव्र असंतोष भावी आशा का संदेश है—लेकिन इसे हासिल करने के लिए संघर्ष और द्वन्द्व का रास्ता अपनाना होगा, क्योंकि बिना इस सक्रिय द्वन्द्व के क्रांति

का विचार काव्य-नायक को भी वहीं पहुँचा देगा, जहाँ कोठरी के 'कार्यक्षमता से वंचित' कलाकार को पहुँचा दिया गया था।

लगता है कि मुक्तिबोध इस अकेली कविता में इतने स्तर उद्घाटित कर देना चाहते थे और इतनी बुनियादी बातें कह देना चाहते थे कि उनका कथ्य अपनी समग्रता में सम्पादित हो सके। इस उद्देश्य को पूरा करने के लिए उन्होंने अभिव्यक्ति के जिन औज़ारों का इस्तेमाल किया, उससे उनकी महाप्राण काव्यात्मक परिकल्पना का पता चलता है।

'अँधेरे में' की अवचेतनात्मक फैंटेसी की बीच-बीच में चेतना से परीक्षा की गई है और ये बीच के क्षण उसकी पुष्टि करने या यथार्थ-बोध कराने की दृष्टि से बहुत महत्वपूर्ण हैं। कलावादियों या रहस्यवादियों की अवचेतनात्मक कथाओं का अंत या तो स्वप्न की अवस्था में होता है या वे चेतना की व्यर्थता दिखलाने के लिए इस्तेमाल होती हैं। परन्तु 'अँधेरे में' की अवचेतना-कथा, जैसा कहा गया है, अंतर्दृष्टि का प्रतीक है, अतः वह वस्तु-जगत् की गहराई में प्रवेश करती है। दार्शनिक 'संयमी' की तरह (या निशा सर्वभूतानां तस्यां जागर्ति संयमी) जो अंतःसत्य आम लोगों की दृष्टि से ओझल होता है, या जिस विषय में वे सुप्त रहते हैं, उसमें एक सर्जक सचेत रहता है, और इस तरह अपना सर्जनात्मक दायित्व निभाता है, जो संवेदनात्मक ज्ञान या ज्ञानात्मक संवेदन उसे प्राप्त है :

सब सोये हुए हैं
लेकिन मैं जागकर देख रहा,
रोमांचकारी वह जादुई करामात!!

पहली बार जब 'प्रोसेशन' देखकर काव्य-नायक जाग पड़ता है, तब वास्तव में वह बाह्य यथार्थ का विश्लेषण करता है और पाता है कि यह सब-कुछ सच था! इससे पाठक के आगे स्वप्न की व्यवस्था और प्रक्रिया को समझने का रास्ता खुल जाता है और वह फैंटेसी के प्रति विशेष रूप से जागरूक हो उठता है। कविता के अंत में भी जब काव्य-नायक पूरी तरह जागकर सत्य के सम्पूर्ण आलोक का साक्षात्कार करता है तो प्रतीत होता है कि वह अवचेतन की क्रीड़ा या वहम नहीं है—दृश्य जगत् की तहों के नीचे छिपा सच्चा यथार्थ है।

मुक्तिबोध के काव्य में जन-विश्वास बार-बार प्रकट हुआ है। यह जनक्रांति की सच्ची समझ का नतीजा है। 'अँधेरे में' कविता में लोगों के उत्साह, उनकी सक्रियता और शक्ति को कलाकार अपने से भी बड़ा मानता है :

जितना मैं लोगों की पाँत को पार कर
बढ़ता हूँ आगे,
उतना ही पीछे मैं रहता हूँ अकेला

पश्चात्-पद हूँ।

हालाँकि जनसंघर्ष के मूल में चिंतकों, बुद्धिजीवियों और रचनाकारों का मस्तिष्क होता है, लेकिन सक्रिय जन-चेतना के बिना यह क्रांति अपनी शक्ल अख्तियार नहीं कर सकती। जन-चेतना की सक्रियता सम्पूर्ण विचारों और प्रेरणाओं को जज़्ब कर, अपनी क्रियाशक्ति के कारण उससे भी आगे निकल जाती है।

जन-शक्ति के प्रति कवि की इस श्रद्धा और आस्था को लोगों ने कलाकार की बूर्ज्वा मनोवृत्ति,आत्महीनता आदि की संज्ञाएँ दी हैं, शायद उनकी निरी बौद्धिकता और सतही समझ को कवि के जन-विश्वास से सदमा पहुँचा हो। लिफशित्ज ने 'लेनिनिस्ट क्रिटिसिज़्म' में कहा है कि-मार्क्सवाद भी दो तरह का होता है : एक रूढ़िवादी और दूसरा सम्प्रदाय के बंधनों से मुक्त। उसने ठीक ही कहा है।

संघर्षपुरुष की स्वप्न-कथा

विश्वनाथ त्रिपाठी

काव्य-रचना सांस्कृतिक चेष्टा है और मुक्तिबोध की कविताओं को समझने के लिए प्रकृति और संस्कृति का रिश्ता समझ लेना बहुत जरूरी है। प्रकृति में कोई मानवीय व्यवस्था नहीं है। उसकी रचना मानव ने नहीं की है। मानव ने की होती तो उसमें बाढ़, दावानल, भूकम्प, घड़ियाल, महामारी आदि न होते। मनुष्य खुद उसी प्रकृति का एक अंश है। मनुष्य प्रकृति-शरीर की आँख और बुद्धि जैसा है जिसके ज़रिए प्रकृति खुद अपने-आपको देखती है। प्रकृति का एक अंश होते हुए भी मनुष्य प्रकृति से लड़ता है। बाढ़ , दावानल, घड़ियाल, महामारी आदि को वशीभूत करता है। वह अपनी बुद्धि और अपने पराक्रम के समानान्तर उपकरणों से ही उसे मनोनुकूल रूप प्रदान करता है, आदिम प्रकृति के समानान्तर एक मानवीय प्रकृति का निर्माण करता है। यही समानान्तर मानवीय प्रकृति संस्कृति है।

प्रकृति बाहर ही नहीं है, वह हमारे भीतर भी है। बाढ़, दावानल, घड़ियाल, महामारी हमारे भीतर भी है और जिस प्रकार हम बाहर की प्रकृति से जूझते हैं, उससे लड़ते हैं, हारते हैं और उसे वशीभूत करके अपने मनोनुकूल बनाने में तत्पर रहते हैं, उसी प्रकार अपनी आन्तरिक प्रकृति को भी। प्रकृति या Nature शब्द का प्रयोग हिन्दी और अंग्रेजी दोनों भाषाओं में बाहरी और अन्दरूनी शक्तिपुंज किन्तु विवेकशून्य वस्तु-स्थितियों के संघात के लिए ठीक ही होता है। हम अपने अन्तर्जगत को विवेकयुक्त करते रहते हैं, उसे संस्कृत करते रहते हैं। बाहरी प्रकृति और आन्तरिक प्रकृति दोनों अन्धी (Irrational) स्वच्छन्दता को कम करने, उसे अपने मनोनुकूल रूप में ढालने का संघर्ष ही मानवीय संस्कृति का इतिहास है। इस संघर्ष में मनुष्य कभी-कभी बुरी तरह पराजित होता है। अन्धी प्रकृति– संस्कृति की महान् सिद्धियों को ध्वस्त कर देती है। बाहरी प्रकृति पाम्पेई, मोहनजोदड़ो, पुराणों में वर्णित देव संस्कृति को ध्वस्त कर देती है तो आन्तरिक प्रकृति पागल, हत्यारे, आत्महंता नीरो और क्लॉड ईथरली पैदा कर देती है। विशेष ध्यान देने की बात यह है कि भौतिक विश्व के असीम और अज्ञात रहस्यों से परिचित हम साधारणजनों को आन्तरिक प्रकृति बाह्य प्रकृति से कहीं ज्यादा गत्वर और विवेकहीन

लगती है, हालाँकि बात शायद ऐसी है नहीं।

जो हो, निश्चित है यह मानवीय संघर्ष। विवेकहीन प्रकृति का संस्कृतीकरण और फिर मानवीय चेतना के प्रसार का प्रयत्न। मैं गवाही पेश करना चाहूँगा। बाह्य प्रकृति के अन्तराल में सबसे ज्यादा झाँक सकने वाले वैज्ञानिक आइन्स्टाइन ने कहा है, "इस दुनिया में हमारी स्थिति विचित्र है। हम पता नहीं क्यों आते हैं दुनिया में? लेकिन एक बात निश्चित है। मनुष्य यहाँ दूसरे मनुष्यों के काम आता है। उन मनुष्यों के लिए जिनकी मुसकराहट और जिनके योग- क्षेम पर हमारी प्रसन्नता निर्भर है, उन असंख्य मनुष्यों के लिए जिनकी किस्मत से हम सहानुभूति के पाश से बंधे हैं। हर रोज़ कई बार मैं महसूस करता हूँ कि मेरी बाहरी और अन्दरूनी जिन्दगियाँ मेरे साथियों—मृत और जीवित मनुष्यों के श्रम के सहारे चल रही है।. . . मेरे दिमाग़ की शांति अकसर यह सोचकर भंग हो जाती है कि मेरे ऊपर दूसरों का कितना भारी कर्ज है और मुझे उसके लिए कितना काम करने की जरूरत है।"

'यह असंग बुद्धि व अकेले में सहने' का निषेध है, यह मानवीय चेतना का प्रसार है। नहीं तो कहाँ सत्य को मानव-निरपेक्ष माननेवाला सापेक्ष्यता का सिद्धान्त और कहाँ असंख्य मनुष्यों की मुसकराहटों की बात!

मनुष्य की अन्तर्प्रकृति के वैज्ञानिक फ्रॉयड ने कहा, "संस्कृति का बहुत जरूरी कार्य यह है कि वह प्रकृति के कोप से सभ्यता की रक्षा करें।"

'अँधेरे में' का अँधेरा इसी प्रकृति की विवेकहीनता का, Irrationality का प्रतीक है। यह विवेकहीनता दो स्तरों पर है, सामाजिक व्यवस्था के स्तर पर और व्यक्ति के अवचेतन में। लेकिन यहाँ भी द्वन्द्वात्मकता है। प्रकृति में अच्छे-बुरे दोनों उपादान हैं। इसी प्रकार सामाजिक व्यवस्था में अन्तर्विरोध है। अवचेतन में भय, कायरता, द्वेष के साथ-साथ विवेक-मणियाँ भी हैं। अँधेरा बाहर भी है, अन्दर भी है, लेकिन अन्तर्विरोधों के साथ, द्वन्द्वात्मकता के साथ।

इसी अँधेरे में 'रक्तालोक-स्नात पुरुष' है। वह एक तरफ तो जिन्दगी के कमरों के अँधेरे में चक्कर लगाता है, 'तिलस्मी खोह में गिरफ्तार' है, दूसरी ओर बाहर शहर के पार तालाब में उसका चेहरा फैला है। और कमरे में प्रवेश करने के लिए सांकल बजाता है। यह रक्तालोक-स्नात पुरुष अन्दर भी है, बाहर भी है—"पहचानता हूँ/बाहर जो खड़ा है/यह वही व्यक्ति है, जी हाँ/जो मुझे तिलस्मी खोह में दिखा था।"

यह रक्तालोक-स्नात पुरुष कौन है? मुक्तिबोध ने उसकी पहचान बताई है। यद्यपि वह दिखाई देने पर भी जाना नहीं जाता, फिर भी उसकी नुकीली नाक और और भव्य ललाट और दृढ़ हनु को देखने से उस पर मनु होने का सन्देह होता है। उसकी एक और पहचान दी गई है। वह मुक्तिबोध की 'अब तक न पाई गई अभिव्यक्ति है, निज सम्भावनाओं, निहित प्रभावों, प्रतिभाओं की पूर्ण अवस्था है, परिपूर्ण का आविर्भाव है,

हृदय में रिस रहे ज्ञान का तनाव है, आत्मा की प्रतिमा' है।

यानी मुक्तिबोध के अनुसार वह मनु है, पूर्ण अभिव्यक्ति है। 'चाँद का मुँह टेढ़ा है' में संकलित कविता 'अँधेरे में' तो नहीं किन्तु 'कल्पना' (नवम्बर, 1964) में प्रकाशित इसी कविता में कुछ पंक्तियों में कवि ने उस व्यक्ति की और पहचान बताई है—"किन्तु वह फटे वस्त्र क्यों पहने है/ उसका स्वर्ण-मुख मैला क्यों है/वक्ष पर इतना बड़ा घाव कैसे हो गया/उसने कारावास-दुख झेला क्यों/उसकी इतनी भयानक स्थिति क्यों है/रोटी उसे कौन पहुँचाता है/कौन पानी देता है।'

पता यह चला कि वह रक्तालोक-स्नात पुरुष जो तिलिस्मी खोह में गिरफ्तार है,अँधेरी रात में कमरे के अन्दर आने के लिए आतुर है, मनु है, मुक्तिबोध की पूर्ण अभिव्यक्ति है। उसे पूर्ण अभिव्यक्ति कहते ही खट से मुक्तिबोध प्रश्न करते हैं—वह फटे वस्त्र क्यों पहने है, उसके वक्ष पर घाव कैसे हैं, उसे रोटी-पानी कौन देता है, इत्यादि।

मुक्तिबोध का यह मनु 'कामायनी' के मनु से कितना भिन्न है। यद्यपि 'अवयव की दृढ़ मांस-पेशियाँ' वाला व्यक्तित्व यहाँ भी है। 'तेजो प्रभावमय उसका ललाट देख/ गौरवर्ण दीप्त-दृग, सौम्य मुख/ भव्य आजानुभुज।'

किन्तु इसके वक्ष पर घाव है। रोटी-कपड़े की समस्या से ग्रस्त है। यह विचित्र मनु है, जो 'कामायनी' के मनु के समान स्वयं ही शिखरासीन नहीं है बल्कि वाचक को भी—'बिठा देता है तुंग शिखर के/ खतरनाक खुरदरे कगार तट पर/ कहता है—'पार करो पर्वत-सन्धि के गह्वर/ रस्सी के पुल पर चलकर/ दूर उस शिखर-कगार तक स्वयं पहुँचो।

यह रक्तालोक-स्नात पुरुष वाचक को बहुत प्रिय है। वह उससे मिलकर एकमेक हो जाना चाहता है, किन्तु उसे अपनी कमजोरियों से लगाव है, इसलिए उससे मिल नहीं सकता। रक्तालोक-स्नात पुरुष का 'विवेक-विक्षोभ' सहना वाचक के वश की बात नहीं। वह पूर्ण सम्भावनाओं का प्रतीक है तो उसके पास भविष्य का द्युतिमान नक्शा है, जिसे अँधेरे में पड़ा हुआ अँधेरे का अभ्यस्त वाचक सह नहीं सकता।

यह फटेहाल मनु इसके बाद कविता के अन्त में आता है—तिलिस्मी खोह में देखा था एक बार/ आखिरी बार ही/ पर वह जगत की गलियों में घूमता है प्रतिपल/ वह फटेहाल रूप/ तड़ित्तरंगीय वही गतिमयता/ अत्यन्त उद्विग्न ज्ञान-तनाव वह/ सकर्मक प्रेम की वह अतिशयता/ वही फटेहाल रूप।

अब वह रक्तालोक-स्नात पुरुष मनु तिलिस्मी खोह में नहीं, जगत की गलियों में घूमता है प्रतिपल। फटेहाल अब भी है। लेकिन यहाँ उसे सकर्मक प्रेम की अतिशयता कहा गया है।

उस रहस्यमय व्यक्ति को अवचेतन के अँधेरे से निकालकर जगत की गलियों में, सड़कों पर लोगों की भीड़ में ले आना ही इस कविता की सिद्धि है। यह सिद्धि केवल

मानसिक जगत में घटती है। और यह सम्पूर्ण कविता एक लम्बी स्वप्न-कथा है।

'रक्तालोक-स्नात पुरुष' मनु मानवीय संस्कृति के विकास के लिए निरन्तर संघर्ष करते रहने वाले संस्कृति-पुरुष का प्रतीक है। वह हम सबके अन्तर्मन में विद्यमान है। वह बाहर भी है। बाहर से यानी समाज से हमारे मन में आकर वह हमें सक्रिय सकर्मक बनाना चाहता है। अन्तर्मन में बैठा हुआ यह पुरुष सकर्मक हो बाहर अभिव्यक्ति पाता है।

यह संघर्ष-रत है, इसीलिए उसके पीठ पर नहीं—वक्ष पर घाव है। वह सकर्मक है, शक्तिपुंज है, किन्तु फटेहाल है क्योंकि वह करुणा से युक्त होकर समाज के शोषितजनों का प्रतिनिधि बनता है, खुद उसे रोटी-पानी का अभाव रहता है। वह साधारण जन होकर साधारण जन का साथ देता है 'शिवो भूत्वा शिवं यजेत्।'

हमारे अपने देश-काल को देखते हुए यह संस्कृति-पुरुष मध्यवर्ग के आदर्शवादी, दृढ़ चरित्र और जीवन की सुविधाओं से समझौता न करने वाले व्यक्ति का प्रतीक है। 'कामायनी' का मनु देव-संस्कृति से आकर पुनः आनन्द-लोक में चला जाता है। इस लोक में भी वह स्वच्छंद विहार करता है। 'अँधेरे में' का मनु मन के कारावास, तिलिस्मी खोह से बाहर निकलकर जनता में घुल-मिल जाता है। बाहर से आकर कमज़ोरियों से लगाव रखने वाले व्यक्ति को दुर्गम पर्वत सन्धि पार करने का आमंत्रण देता है। वह सुविधावादी मन को पहले दुविधा में डालता है, फिर झटकों पर झटके देता है, धिक्कारता है, उसे अपने कमज़ोर घुटनों को सहलाकर पैरों से धरती का फैलाव महसूस करने पर विवश करता है। तिलक और गांधी की मूर्तियाँ वस्तुतः इसी पक्के आदर्शों वाले संघर्षरत व्यक्ति के प्रतीक हैं। संस्कृति-पुरुष रक्तालोक-स्नात है तो तिलक का अंगरखा भी खून में डूबा है। गांधी सर्दी में बोरा ओढ़े हैं। वाचक उनके पास सत्संकल्प लेकर गया है। लेकिन गांधी अपनी व्यंग्यपूर्ण तीखी शैली में मानो उसकी कमजोरियों को जानकर कहते हैं—'दुनिया न कचरे का ढेर कि जिस पर/दानों को चुगने चढ़ा हुआ कोई भी कुक्कुट/कोई भी मुरगा यदि बाँग दे उठे ज़ोरदार तो/बन जाए मसीहा।'

यानी संकल्प मात्र से कुछ नहीं होता। वाचक को गांधी जी की डाँट खाकर यह भी पता चला होगा कि गांधी और तिलक की लोकप्रियता के पीछे उनकी कितनी कर्म-निष्ठा रही होगी।

तिलक और गांधी की मूर्तियों के पास वाचक पागल का आत्मोद्‌बोधमय गान सुनकर आया था। वह कौन-सा पागल है जो ऐसा गाता है—'लोक-हित पिता को घर से निकाल दिया/ जन-मन करुणा-सी माँ को हंकाल दिया/ स्वार्थों के टेरियर कुत्तों को पाल लिया/ भावना के कर्तव्य त्याग दिए/ हृदय के मन्तव्य मार डाले/ बुद्धि का भाल ही फोड़ दिया/ तर्कों के हाथ उखाड़ दिए/ जम गए जाम हुए, फँस गए/ अपने ही कीचड़ में धँस गए/ विवेक बघार डाला स्वार्थों के तेल में/ आदर्श खा गए/ अब तक क्या

किया/ जीवन क्या जिया/ ज्यादा लिया और दिया बहुत-बहुत कम/ मर गया देश और जीवित रह गए तुम।'

यह पागल कुछ विशेष मालूम पड़ता है। यह वह व्यक्ति है जिसे दुनिया के घाघ, खुर्राट और स्वार्थपरता को ही समझदारी माननेवाले लोग पागल कहते हैं। करुणा के दृश्यों से मुँह मोड़कर अपने धन्धे में लग जानेवाले, संघर्ष और त्याग करने के जीवन-स्थलों को निहायत चालाकी से बचा जाने वाले, देश और समाज की ज़िम्मेदारियों से कतरानेवाले गाँधी, तिलक, चन्द्रशेखर आज़ाद, भगतसिंह, निराला, मुक्तिबोध—सबको पागल समझते हैं। लेकिन हर सुविधावादी, खास तौर पर बुद्धिजीवी सुविधावादी, इस बात को जानता भी है कि समाज की स्थितियों में अनुकूल परिवर्तन इसी तरह के पागल लाते हैं। मध्यवर्गीय सुविधाजीवी बहस में अपनी निष्क्रियता पर ग्लानि भी प्रकट करता है, हालाँकि यह आलोचन वृथा है, निरर्थक है —' मैं खड़ा हो गया। किसी छायामूर्ति-सा समक्ष स्वयं के/ होने लगी बहस और लगने लगे परस्पर तमाचे/ छिः पागलपन है। वृथा आलोचन है।'

यह पागल भी तिलक, गाँधी की मूर्तियों की भाँति रक्तालोक-स्नात पुरुष मनु का ही एक रूप है। वाचक समाज के सुविधाजीवी कायर, अपनी कमजोरियों से लगाव रखने वाले व्यक्ति—विशेषतः मध्यवर्ग के व्यक्ति का प्रतीक है। दोनों का द्वन्द्व– यह हमारी विशेष सामाजिक अवस्था का ऐतिहासिक द्वन्द्व है, इस कविता का केन्द्रीय कथ्य है। रक्तालोक-स्नात संस्कृति-पुरुष इसी द्वन्द्व की प्रक्रिया से व्यक्ति-मन के अवचेतन के और सामाजिक अव्यवस्था के अँधेरे से निकलकर जनता से एकमेक होता है। याद रखिए कि संस्कृति-पुरुष वाचक के मन के अँधेरे में स्थित है। रक्तालोक-स्नात पुरुष और सुविधाजीवी दोनों एक ही व्यक्ति के दो रूप हैं, जिनमें यह द्वन्द्व चलता है। हमारा आदर्शवादी मन तिलक और गाँधी के आदर्शों पर चलना चाहता है, इनकी महानता का कायल होता है। हमारा सरल मन, जिसे यहाँ पागल कहा गया है, हमारे कायर और समझौतावादी मन को धिक्कारता है। कायर मन खिसियाता, बहस भी करता है, दोनों एक-दूसरे को तमाचे लगाते हैं। लेकिन मुक्तिबोध के यहाँ इसका शमन होता है : आदर्शवादी मन के प्रकट हो जाने में, उसकी अभिव्यक्ति में। हालाँकि यह सम्पूर्ण—यह द्वन्द्व और यह अभिव्यक्ति भी स्वप्न-कथा की ही वस्तु है।

'रक्तालोक-स्नात पुरुष' की आहट से ही वाचक विचलित हो जाता है, उससे मिलना भी चाहता है, उससे डरता भी है। सुविधावादी मन दम छोड़कर भागता है, अँधेरे में प्रकट होने वाली सच्चाइयों को देखकर। वह भागता है लेकिन विचार उसका पीछा नहीं छोड़ते। तम-शून्य में तैरती हुई जगत-समीक्षा तैरती है और छिन्न-भिन्न हो जाने पर भी स्वप्न और विचार पीछा नहीं छोड़ते, सपनों में आलोचन चलता है और विचारों के चित्रों की अवलि में चिन्तन। यह सब करामात रक्तालोक-स्नात पुरुष की है। वह जिन्दगी के कमरों में

चक्कर न लगाता, वह बाहर साँकल न खटखटाता तो कुछ न होता। और इन्हीं विचारों के चित्रों की अवलि में दूसरा मन अँधेरे में इधर से उधर दौड़ता हुआ इस सच्चाई से साक्षात्कार करता हुआ, उस सच्चाई से साक्षात्कार करता बहुतों की हकीकत जान लेता है। वह प्रोसेशन देख लेता है जिसमें कर्नल, बिग्रेडियर, जनरल, मार्शल सब हैं और साथ में वे लोग भी हैं जिनके—'चित्र समाचार-पत्रों में छपे थे। उनके लेख देखे थे/यहाँ तक कि कविताएँ पढ़ी थीं/भई वाह ! उनमें कई प्रकाण्ड आलोचक, विचारक।/जगमगाते कवि गण/मन्त्री भी, उद्योगपति और विद्वान/यहाँ तक कि शहर का हत्यारा कुख्यात/दोमा जी उस्ताद बनता है बलबन। हाय ! हाय !/यहाँ ये दीखते हैं भूत-पिशाच-काय।/भीतर का राक्षसी स्वार्थ अब/साफ़ उभर आया है।/छिपे हुए उद्देश्य। यहाँ निखर आए हैं/यह शोभायात्रा है किसी मृत-दल की।'

भीतर का राक्षसी स्वार्थ। अन्धी प्रकृति की करतूत को वाचक देखता है, रक्तालोक-स्नात पुरुष की आहट से अपने आदर्श-प्रेरित मनोभाव की दृष्टि से।

वाचक विचलित होकर, पागल की बात सुनकर, तिलक की मूर्ति के चरणों में हम जिन्दा हैं पिता, हम जिन्दा हैं, इतनी चिन्ता न करो, कहकर गांधीजी की डाँट सुनकर धीरे-धीरे क्रमशः क्रान्ति के दृश्य की ओर आप्त है। यहाँ आकर वह सकर्मकता, सक्रियता, सक्रियता के महत्त्व से परिचित होता है। बहस, बुद्धिविलास, या प्रचंड विद्वत्ता मुक्तिबोध द्वारा ही रुपायित ब्रह्मराक्षस से मुक्ति पाता है। उसके कंधों पर गाँधी जी द्वारा शिशु और सुरजमुखी के फूल के गुच्छों की जगह रायफल आ जाती है। उस कलाकार की मृत्यु हो जाती है जिसके हृदय में गलियों के अंधेरे का भार था, जो कार्यक्षमता से वंचित था, जो अपना असंग अस्तित्व चलाता था। उसके साथ एक युग, एक जीवनादर्श की मृत्यु हो गई। यह उस जीवनादर्श की मृत्यु है जो अकर्मक बुद्धिजीवियों का है। यहाँ से वाचक कहता है–'सवाल है–मैं क्या करता था अब तक/भागता फिरता था सब ओर/(फिजूल है इस वक्त कोसना खुद को) एकदम जरूरी दोस्तों को खोजूँ/ पाऊँ मैं नए-नए सहचर/सकर्मक सत् चित् वेदना भास्कर।'

पहली बार वाचक अपने-जैसे अन्य व्यक्तियों की जरूरत महसूस करता है।

अँधेरे के बाहर भी अंधेरा है। अन्तर्मन के अंधेरे के बाहर सामाजिक अव्यवस्था का अंधेरा है। संकल्प मात्र से, मन के ही अँधेरे को दूर करने से बाहर का अँधेरा दूर नहीं होता। सकर्मक बनने का संकल्प करना एक बात है और उसके परिणामों को भुगतना और बात है। वाचक काम करता है, सक्रिय होता है, तो 'पकड़कर कालर गला दबाया गया/चाँटे से कनपटी टूटी कि अचानक/त्वचा उखड़ गयी गाल की पूरी।' लेकिन दमन उसके क्रान्तिकारी कार्यों की उपयोगिता नहीं समाप्त कर सकता है। वह जेल में है, उसे दंडित किया जा रहा है लेकिन उसके विचार दूर मीलों के पार भी पहुँच जाते हैं। वह छोड़ दिया गया है लेकिन छाया-दुख उसका पीछा अब भी करते हैं। वह निश्चय करता

है कि अभिव्यक्ति के सारे खतरे उठाने होंगे, मठ और गढ़ तोड़ने पड़ेंगे और तब कहीं वह अरुण कमल प्राप्त होगा जो प्रतिपल काँपता रहता है, सौन्दर्य से।

सक्रिय होते ही रक्तालोक-पुरुष और वाचक का द्वन्द्व शमित हो जाता है। उसके बाद वाचक का कथन रक्तालोक-स्नात पुरुष का भी कथन हो सकता है। यहाँ मुक्तिबोध का कवि भी रक्तालोक-स्नात पुरुष से एक हो जाता है। बहुत बड़ी भूल होगी अगर इस संस्कृति-पुरुष के एक और महत्वपूर्ण प्रतीकार्थ की उपेक्षा कर दी जाए।

वह रक्तालोक-स्नात पुरुष संस्कृति-पुरुष होने के साथ-साथ काव्य-पुरुष भी है। वह रहस्मयय व्यक्ति अब तक न पायी गई मेरी अभिव्यक्ति है। कवि अनवस्था को सृजन के द्वारा अवस्था प्रदान करता है, मन के अँधेरे से अभिव्यक्ति बाहर आने के लिए छटपटाती है, आकर रहती है। काव्य-पुरुष के इस रूपक का निर्वाह भी पूरी कविता में हुआ है। मुक्तिबोध ने काव्याभिव्यक्ति को सामाजिक विकास की प्राप्ति के साथ घुला-मिला दिया है। जैसे-जैसे वाचक संस्कृति-पुरुष की आहट से विचलित होकर इधर से उधर दौड़ता हैं, उसी प्रकार काव्य-पुरुष की आहट से कवि भी पता नहीं, कहाँ-कहाँ दौड़ता है, क्या-क्या सोचता है। अभिव्यक्ति दोनों को द्वन्द्व के शमन के साथ ही प्राप्ति होती है। काव्य का उत्कर्ष और समाज का उत्कर्ष, दोनों की शर्त जनता में घुलमिल जाने में है। कोरे बुद्धि-विलास के जरिए जो लोग अपने को साधारण जन से आगे बढ़ा हुआ समझते हैं, उन्हें ये पंक्तियाँ देखने की जरूरत है– 'विचित्र अनुभव !/ जितना मैं लोगों की पाँतों को पार कर/बढ़ता हूँ आगे उतना ही पीछे मैं रहता हूँ अकेला/पश्चात् पद हूँ।'

संस्कृति-पुरुष और काव्य-पुरुष यानी रक्तालोक-स्नात पुरुष मनु के दोनों रूपों के लिए श्रेयस्कर यही है कि वे लोगों की पाँतों को पार करके आगे निकल जाने की कोशिश न करें।

इसके बाद वाचक की भूमिका समाप्त हो जाती है। लोग उसी की विवेकमणियों को लेकर आगे बढ़ रहे हैं। ये विवेक-मणियाँ कवित्व की शक्ति भी है। लेकिन कवित्व की शक्ति कविता को तोड़कर पैदा हुई है– 'कविता में कहने की आदत नहीं पर कह दूँ/ वर्तमान समाज में चल नहीं सकता/पूँजी से जुड़ा हुआ हृदय बदल नहीं सकता/स्वातंत्र्य व्यक्ति का वादी छल नहीं सकता/मुक्ति के मन को।'

मुक्तिबोध का महत्त्व समझना हो तो याद कीजिए कि उन्हीं के समकालीन अज्ञेय के काव्य में भी एक अन्तर्गुहावासी है। लेकिन 'अँधेरे में' के तिलिस्मी खोह में गिरफ्तार व्यक्ति और उस अन्तर्गुहावासी में कितना अन्तर है। अज्ञेय का 'अन्तर्गुहावासी' बाहर आने के लिए आतुर नहीं है, उसे रोटी-कपड़े की चिन्ता नहीं है, उसके वक्ष पर घाव नहीं, वहाँ कोई द्वन्द्व नहीं। उसे तिलक और गाँधी के पास जाने, बहस करने की भी कोई जरूरत नहीं। वह 'नदी के द्वीप' का वासी अद्वितीय है और विविक्त क्षणों में जीवित रहनेवाला है। नदी के द्वीप का वासी देश और काल दोनों दृष्टियों से समाज से कटा है। यह पूर्ण अलगाव संस्कृति की धारा से काटकर उस अन्तर्गुहावासी को आदिमता (Primitivity) में ले जाता है। वहाँ भाषा की कोई जरूरत नहीं, कविता की भी जरूरत नहीं– काम्य है

सिर्फ स्वर्गीय शान्ति। वह अन्तर्गुहा कनॉट प्लेस का सेलर होकर विकसित है। सर्वनिषेध की मुद्रा अपनानेवाले कवि भी काव्यनगर के सेलर में निवास करते हैं। वे साहित्यिक हिप्पी हैं। यह विकास मुक्तिबोध की विपरीत दिशा में है। प्रकृति अन्धकार का सामना दोनों प्रकार के कवि करते हैं किन्तु मुक्तिबोध उस Irrationality को तोड़ते हैं, अपने को औरों से सम्बद्ध करके, अकर्मक की निष्क्रियता को तोड़कर, कोरे बुद्धि-वैभव की सीमाओं को पहचानकर। नदी के द्वीप का दर्शन स्वीकार करने और उसका विकास करनेवाले कवि उस अँधेरे के पीछे हो लेते हैं।

अँधेरे में : परम अभिव्यक्ति की खोज

डॉ. नामवर सिंह

इसीलिए मैं हर गली में
और हर सड़क पर
झाँक-झाँककर देखता हूँ हर एक चेहरा
प्रत्येक गतिविधि,
प्रत्येक चरित्र,
व हर एक आत्मा का इतिहास,
हर एक देश व राजनैतिक परिस्थिति
प्रत्येक मानवीय स्वानुभूत आदर्श
विवेक-प्रक्रिया, क्रियागत परिणति ! !
खोजता हूँ पठार. . .पहाड़. . .समुंदर
जहाँ मिल सके मुझे
मेरी वह खोई हुई
परम अभिव्यक्ति अनिवार
आत्म-संभवा !

'अँधेरे में', कविता की ये अंतिम पंक्तियाँ उस अस्मिता या 'आइडेंटिटी' की खोज की ओर संकेत करती हैं जो आधुनिक मानव की सबसे ज्वलंत समस्या है। निस्संदेह इस कविता का मूल कथ्य है अस्मिता की खोज; किंतु कुछ अन्य व्यक्तिवादी कवियों की तरह इस खोज में किसी प्रकार की आध्यात्मिकता या रहस्यवाद नहीं, बल्कि गली-सड़क की गतिविधि, राजनीतिक परिस्थिति और अनेक मानव-चरित्रों की आत्मा के इतिहास का वास्तविक परिवेश है। आज के व्यापक सामाजिक संबंधों के संदर्भ में जीनेवाले व्यक्ति के माध्यम से ही मुक्तिबोध ने 'अँधेरे में' कविता में अस्मिता की खोज को नाटकीय रूप दिया है।

नाटकीय कौशल के लिए कविता का 'मैं' दो व्यक्ति-चरित्रों में विभक्त कर दिया

गया है : एक है काव्य-नायक 'मैं' और दूसरा है उसका प्रतिरुप 'वह'। यह विभाजन वस्तुतः एक नाटकीय कौशल मात्र नहीं, बल्कि इसका आधार 'आत्म-निर्वासन'(सेल्फ-एलिएनेशन) है। 'अँधेरे में' का काव्य-नायक एक आत्म-निर्वासित व्यक्ति है, जिसके आत्म-निर्वासन का प्रतीक है उसका गुहावास। दोस्तोएव्सकी के 'अंडरग्राउंड मैन' के समान ही यह व्यक्ति भी बाह्य परिस्थितियों से भय खाकर एक तिलिस्मी खोह में निवास करता है। कविता का आरंभ इस तिलिस्मी खोह के रहस्यमय दृश्य से होता है, जो अपने प्रभाव में काफी नाटकीय है:

> जिन्दगी के
> कमरों में अँधेरे
> लगाता है चक्कर
> कोई एक लगातार;

किंतु यह रहस्यमय व्यक्ति दिखायी नहीं देता, केवल उसके चलने की आहट भर सुनायी देती है। अकस्मात् भीत से फूले हुए पलस्तर गिरते हैं और भीत पर खुद-ब-खुद कोई बड़ा चेहरा बन जाता है : नुकीली नाक, भव्य ललाट, दृढ़ हनु ! प्रश्न उठता है : कौन मनु ? और इस प्रश्न के साथ ही जैसे काव्य-नायक प्रकट होता है। उसे याद आता है कि यह रहस्यमय व्यक्ति वही है, जो कभी शहर के बाहर पहाड़ी के उस पार तालाब के सलिल के तम-श्याम शीशे में कुहरीली श्वेत आकृति के रूप में प्रकट हुआ था ; और फिर थोड़ी देर बाद लाल-लाल कुहरे में से एक रक्तालोक-स्नात पुरुष के रूप में निकला हुआ दिखा था। रात के अँधेरे में बंद दरवाजे की साँकल खटखटानेवाला पुरुष शायद वही है। आत्म-निर्वासित काव्य-नायक को पता है कि "वह रहस्यमय व्यक्ति अब तक न पाई गई मेरी अभिव्यक्ति है" तथा "हृदय में रिस रहे ज्ञान का तनाव वह आत्मा की प्रतिमा" है। उस प्रतिरूप से काव्य-नायक डरता है, कतराता रहता है और इसीलिए उसे टालता भी है कि स्वयं उसे अपनी कमजोरियों से लगाव है; उसे डर इसलिए है कि वह "हृदय को देता है बिजली के झटके" और तुंग-शिखर के खतरनाक कगार पर बिठाकर रस्सी के पुल से पर्वत-संधि के गह्वर पार करने के लिए कहता है। इसके साथ ही यह भी तथ्य है कि "भविष्य का नक्शा दिया हुआ उसका/सह नहीं सकता।" फिर भी "नहीं, नहीं, उसको मैं छोड़ नहीं सकता।" भय और प्रीति का यह नाटकीय द्वन्द्व ही इस आत्म-निर्वासित मन का मुख्य आकर्षण है। अंतत : वह दरवाजा खोलने का संकल्प करता है, किंतु देखता है कि "बाहर कोई नहीं, कोई नहीं बाहर।" रात का पक्षी कहता है :

> वह चला गया है,

वह नहीं आएगा, आएगा ही नहीं
अब तेरे द्वार पर।
वह निकल गया है गाँव में शहर में !
उसको तू खोज अब
उसको तू शोध कर !

रवींद्रनाथ ठाकुर की *गीतांजलि* के एक गीत में भी कुछ-कुछ इसी प्रकार की पंक्तियाँ हैं, किंतु उस रहस्यवादी संदर्भ से इन पंक्तियों का संदर्भ कितना भिन्न है ! रात के पक्षी के कथन के बावजूद आत्म-निर्वासित काव्य-नायक को वह रहस्यमय पुरुष फिर दिखाई पड़ता है, लेकिन स्वप्न में। इस बार उसके दर्शन उस समय होते हैं जब शहर में कर्फ्यू लगा हुआ है और मार्शल-लॉ जारी है। रात के सन्नाटे में सिरफिरा एक जन "आत्मोद्‌बोधमय कोई गान" गाता है, जिसे सुनते ही साफ हो जाता है कि "व्यक्तित्व अपना ही, अपने से खोया हुआ/ वही उसे अकस्मात् मिलता था रात में।" गान का प्रभाव यह है कि :

प्रत्यक्ष,
मैं खड़ा हो गया किसी छाया-मूर्ति-सा समक्ष स्वयं के।

काव्य-नाटक के घटना-क्रम में यह रहस्यमय पुरुष एक बार और मिलता है, अंतिम बार, जब शहर में जन-क्रांति छिड़ जाती है। माहौल ऐसा कि "कहीं आग लग गई, कहीं गोली चल गई।" आत्म-निर्वासित व्यक्ति प्रसन्न मुद्रा में गैलरी में खड़ा होता है कि दिखाई पड़ता है "एकाएक वह व्यक्ति/ आँखों के सामने/ गलियों में, सड़कों पर, लोगों की भीड़ में/ चला जा रहा है।. . . पुकारने को खुलता है मुँह/ कि अकस्मात्/वह दिखा, वह दिखा/ वह फिर खो गया किसी जन-यूथ में. . . /उठी हुई बाँह यह उठी हुई रह गई।"

खोज और उपलब्धि के बीच की दुविधा या 'सस्पेंस' ही 'अँधेरे में' कविता को अद्‌भुत नाटकीयता प्रदान करती है ; और यह केवल काव्य-शैली का चमत्कार नहीं, बल्कि कथ्य की गहरी अर्थवत्ता का सूचक है। अस्मिता की खोज संबधी ज्यादातर कविताओं में या तो केवल एक प्रकार की हताश खोज मिलती है या फिर उपलब्धि की बलात् आत्मतुष्टि ! आकस्मिक नहीं है कि दोनों ही प्रकार की कविताएँ प्राय : प्रकृत्या प्रगीतधर्मी होती हैं। प्रगीत शैली के अनुरूप ही उनके कथ्य में भी अस्मिता की खोज का अतिसरलीकृत सपाट रूप मिलता है। मुक्तिबोध ने इस सपाटता से बचकर एक तीखे तनाव को सफलता के साथ व्यंजित किया है, जिसका मुख्य आधार 'अँधेरे में' कविता का कौशलपूर्ण घटना-विन्यास है। अरस्तू ने जिस अर्थ में 'मिथोस' को त्रासदी की आत्मा

कहा था, उसकी पुष्टि एक तरह से 'अँधेरे में' के घटना-विन्यास से होती है।

इस घटना-विन्यास का महत्त्व इस दृष्टि से भी है कि इसके द्वारा अस्मिता को एक व्यापक संदर्भ प्राप्त होता है। आत्मनिर्वासन और अस्मिता के लोप की चर्चा तो प्रायः की जाती है किंतु उसके वस्तुगत कारणों का उल्लेख बहुत कम किया जाता है।'अँधेरे में' कविता के अंतर्गत स्वप्न-कथा के रूप में तीन घटनाएँ वर्णित हैं : किसी मृत-दल की शोभा-यात्रा, सैनिक शासन और जन-क्रांति का सूत्रपात। स्पष्टत : पहली दोनों घटनाएँ कवि की दृष्टि में अस्मिता के खोने का वस्तुगत कारण उपस्थति करती हैं। किसी मृत-दल की शोभा-यात्रा और सैनिक शासन के आतंक से अस्मिता के खोने की बात एकदम स्पष्ट हो जाती है। संदर्भ की भयावहता अस्मिता के बोध की तीव्रता को और भी उभार देती है। भावबोध की यह तीव्रता संदर्भ के जिस प्रभावशाली चित्र से संबद्ध है, वह स्वयं मुक्तिबोध के शब्दों में "भाव का वस्तुमूलक आकलन" है। इसे ही आचार्य शुक्ल ने **विभावन व्यापार** की संज्ञा दी है और टी. एस. इलियट ने "ऑब्जेक्टिव को-रिलेटिव" की।

'अँधेरे में' कविता का प्रभाव जिस परिवेश के चित्रण पर निर्भर है, उसकी चित्रण-कला भी विचारणीय है। सबसे पहले कविता में रात के अँधेरे की भूमिका। क्या इस कविता में वातावरण के प्रभाव का बहुत-कुछ श्रेय अँधेरे को नहीं है ? अँधेरा काव्यगत वातावरण को भयावह और रहस्यमय बनाने के साथ ही मूर्त भी बनाता है। अँधेरे में वस्तुओं को मूर्तिमान करने की विशेष क्षमता इसलिए होती है कि आसपास की बहुत-सी वस्तुएँ ओझल हो जाती हैं, इसलिए अभीष्ट वस्तुएँ विशेष रूप से उद्‌भासित होती हैं। अँधेरे में रेखाओं की संख्या कम होती है, किंतु उनके उभार की मात्रा अधिक होती है। उदाहरण के लिए मृत-दल की शोभा-यात्रा का चित्र इस कविता में इसीलिए इतना स्फुट (विविड) है कि उसकी पीठिका में रात का अंधकार है । दिन के उजाले में यही जुलूस शहर की भीड़-भाड़ में दब जाता; किन्तु आधी रात के सन्नाटे में वह उभरकर सामने आता है। मशाल की रोशनी में लोगों के चेहरे, उनकी पोशाक, घोड़ों के रंग और संगीन की नोकें और भी चमक उठती हैं, यहाँ तक कि सन्नाटा बैंड की आवाज को भी उभार देता है। दिन के उजाले में कोलतार की जो सड़क मामूली मालूम होती है वही रात के अँधेरे में 'मरी हुई खिंची हुई कोई काली जिह्वा' मालूम होती है। इसी तरह चौराहे, दरख्त और घंटाघर भी इस अंधकार के जादुई असर में और-के-और हो जाते हैं। उल्लेखनीय है कि 'सीमांतवादी', भावबोध के लेखकों ने अपनी कृतियों में प्रायः अंधकार का उपयोग किया है। निर्मल वर्मा की 'लंदन की एक रात' कहानी में भी यही अंधकार है। दोस्तोएव्सकी के उपन्यासों का घटना-काल प्राय : रात से संबद्ध है। कोई चाहे तो इसे एक कला-रूढ़ि भी कह सकता है, किंतु मुक्तिबोध ने अंधकार को स्वप्न-कथा से संबद्ध करके एक और आयाम दे दिया है।

कथन-शैली की दृष्टि से 'अँधेरे में' एक स्वप्न-कथा है। हिन्दी में कविता के अंतर्गत 'फैंटेसी' के उपयोग के लिए मुक्तिबोध विख्यात हैं, किंतु इस उपयोग की कलात्मक सार्थकता पर बहुत कम विचार किया गया है। स्वयं मुक्तिबोध 'फैंटेसी' शब्द का प्रयोग काफी व्यापक अर्थ में करते थे। उनके लिए कामायनी भी एक तरह की 'फैंटेसी' थी। इस प्रकार स्वप्न-कथा 'फैंटेसी' का एक प्रकार मात्र है। मुक्तिबोध की दृष्टि में कविता के अंतर्गत 'फैंटेसी' के प्रयोग की सबसे बड़ी सुविधा यह है कि लेखक वास्तविकता के प्रदीर्घ चित्रण से बच जाता है। कहना न होगा कि स्वप्न-शैली में कथा कहने के कारण 'अँधेरे में' कविता में काफी मितव्ययिता और सघनता आ गई है तथा वर्णन के अनावश्यक विस्तार से अपने-आप ही निजात मिल गई। स्वप्न-शैली के कारण एक ओर कथा अनिवार्यत: चित्रात्मक हो गई तो दूसरी ओर एक से अधिक कथाओं के क्रमबद्ध संयोजन में भी लाघव आ गया, क्योंकि स्वप्न-क्रम प्रकृत्या अतार्किक और विषयधर्मी होता है। स्वप्न-शैली के साथ एक सुविधा यह भी है कि आवश्यकतानुसार देश और काल की दृष्टि से नितांत असंबद्ध तथा दूर की वस्तुओं को भी एकत्र रखा जा सकता है। 'अँधेरे में' के अंतर्गत तालस्तॉय, तिलक और गांधी इसी जादू की छड़ी से बुला लिए गए हैं। इसी प्रकार सामान्यत : असंभव प्रतीत होने वाली घटना भी स्वप्न संभव दिखायी जा सकती है और उसके औचित्य के बारे में कोई संदेह भी नहीं कर सकता। उदाहरण के लिए 'अँधेरे में' के अंदर गांधी जी काव्य-नायक के कंधे पर एक शिशु रखकर अचानक गायब हो जाते हैं और वही शिशु थोड़ी देर बाद सूरजमुखी-फूल के गुच्छे में बदल जाता है, जिसके स्थान पर अगले क्षण वजनदार रायफल आ जाती है। यदि स्वप्न-कथा की शैली न होती तो इस प्रकार के चमत्कार कैसे संभव होते ? किंतु ये चमत्कार अपने-आपमें सार्थक नहीं हैं। सवाल यह है कि कवि इन चमत्कारों के जरिए हासिल क्या करता है ? यदि ये चमत्कार वास्तविकता के किसी विशेष पहलू को उजागर करने में समर्थ नहीं होते तो वे केवल कुतूहल के विषय होकर रह जाएँगे।

यहाँ यथार्थवादी दृष्टिकोण के अंतर्गत अयथार्थवादी शिल्प के औचित्य का प्रश्न उठता है। 'समाजवादी यथार्थवाद' के आग्रही कुछ जड़ लेखकों ने काफ्का के ही नहीं बल्कि बर्टोल्ट ब्रेख्त के अयथार्थवादी शिल्प पर एतराज किया है। किंतु मुक्तिबोध ने **कामायनी : एक पुनर्विचार**, की भूमिका में इस विषय पर निर्भ्रांत विचार व्यक्त करते हुए कहा है कि : "यथार्थवादी शिल्प और यथार्थवादी दृष्टिकोण में अंतर है। यह बहुत ही संभव है कि यथार्थवादी शिल्प के विपरीत, जो भाववादी शिल्प है—उस शिल्प के अंतर्गत, जीवन को समझने की दृष्टि यथार्थवादी रही हो।" इसी संदर्भ में मुक्तिबोध ने जैसा कि कुछ पहले कहा है, "साहित्यिक कलाकार अपनी विधायक कल्पना द्वारा जीवन की पुनर्रचना करता है। जीवन की यह पुनर्रचना ही कलाकृति बनती है। कला में जीवन की जो पुनर्रचना होती है वह सारतः उस जीवन का प्रतिनिधित्व करती है जो जीवन इस जगत्

में वस्तुतः जिया और भोगा जाता है—स्वयं द्वारा तथा अन्यों द्वारा। यह जीवन जब कल्पना द्वारा पुनर्रचित होता है तब उस पुनर्रचित जीवन में तथा वास्तविक जगत-क्षेत्र में जिए और भोगे गए जीवन में **गुणात्मक अंतर** उत्पन्न हो जाता है। पुनर्रचित जीवन, जिए और भोगे गए जीवन से, **सारतः**, एक होते हुए भी, **स्वरूपतः** भिन्न होता है। यदि पुनर्रचित जीवन वास्तविक जीवन से निःसारतः एक हो, सिर्फ ऊपरी तौर पर एक-सापन रखता हो तो वह पुनर्रचित जीवन निष्फल होता है। पुनर्रचित जीवन और वास्तविक जीवन के बीच जो अलगाव है, उनकी जो पृथक-पृथक स्थिति है, उस अलगाव और पृथक्-पृथक् स्थिति के कारण ही, कला के भीतर के सारे मूर्त विधान के बावजूद, उस कला में मूलबद्ध रूप से, एक **अमूर्तीकरण** और **सामान्यीकरण** उत्पन्न होता है।" 'अँधेरे में' कविता के अंतर्गत अपनाए गए स्वप्न-कला के अयथार्थवादी शिल्प में निहित यथार्थवादी दृष्टिकोण की इससे स्पष्ट व्याख्या अनावश्यक है।

निस्संदेह 'अँधेरे में' सामान्य स्वप्न-कथा नहीं, बल्कि दुःस्वप्न का कथालोक है, जिसमें हर चीज प्रायः कुछ विकृत, कुछ अन्यथा रूप में दृष्टिगत होती है। किंतु काव्य-नायक की असाधरण मनःस्थिति को देखते हुए यह असंगत नहीं लगता। काव्य-नायक के मन पर परिस्थितियों का इतना गहरा दबाव है कि वह अतिरिक्ति भयाक्रांत है। उसने अपने बहुमूल्य भावों और विचारों को उपचेतन के तलघर में छिपा दिया है। एकाकीपन में उसे अपनी ही आकृति भूतों-जैसी दिखाई पड़ती है। उसके मन में हर समय किसी-न-किसी दुर्घटना की आशंका है। हर समय उसके मन में यह खटका लगा हुआ है कि कोई उसका पीछा कर रहा है। वह प्रत्येक दुर्घटना का कारण अपने-आपको मानता है : "मानो मेरे कारण ही लग गया मार्शल-लॉ वह / मानो मेरी निष्क्रिय संज्ञा ने संकट बुलाया / मानो मेरे कारण ही दुर्घट हुई यह घटना।" ऐसी मनःस्थिति में दुःस्वप्नों का आना अस्वाभाविक नहीं।

किंतु ये दुःस्वप्न उन्हीं लोगों को अवास्तविक लग सकते हैं जो बड़ी-से-बड़ी दुर्घटना के अभ्यस्त हो चुके हैं और जिनकी खाल मोटी हो चुकी है। क्या वह मशाल-जलूस अवास्तविक है जिसमें रात को वही पत्रकार , कवि, आलोचक, मंत्री, उद्योगपति आदि शहर के कुख्यात हत्यारों के साथ शामिल होते हैं, जो दिन में विभिन्न दफ्तरों, कार्यालयों, केंद्रों और घरों मे मिलकर षड्यन्त्र करते हैं। एक फासिस्ट खतरे का आभास देनेवाला यह जलूस कैसे अवास्तविक कहा जा सकता है, जब कि दंगों में इससे भी ज्यादा भयावह अनुभव से हम गुजर चुके हैं? इसी प्रकार सैनिक प्रशासन भी यथार्थ से अधिक अतिरंजित नहीं। इस माहौल में "भागता मैं दम छोड़ / घूम गया कई मोड़" की बेचैनी भी काफी जानी-पहचानी अनुभूति है। इस सामान्य वर्णन के प्रसंग में संभवतः सबसे मार्मिक है अपने कमरे में मृत पड़े हुए उस कलाकार का चित्र, जिसका तृषार्त अंतर मुक्ति का इच्छुक था और जो निरंतर मुक्ति के यत्नों के साथ था, किंतु अचानक झोंक में आकर क्या कर

गुजरा कि संदेहास्पद समझा गया और मारा गया वह वधिकों के हाथों। परंतु सबसे दहशत भरा दृश्य है 'स्क्रीनिंग' का, जब काव्य-नायक को टूटे-से स्टूल पर बिठाकर उसके शीश की हड्डी तोड़ी जा रही है और अस्थि-कवच को निकालकर मस्तक-यंत्र की जाँच की जा रही है। पढ़ते-पढ़ते जार्ज आर्वेल का '1984' याद आ जाता है जो अब 'फैंटेसी' न होकर एक जीती-जागती सच्चाई बन गया है। यदि 'अँधेरे में' कविता में वास्तविकता का केवल यही निषेधात्मक पक्ष होता तो ऐसी अनेक निषेधात्मक कविताओं की तरह 'अँधेरे में' भी एक सपाट रचना होती। कविता का एक दूसरा पक्ष भी है, जिसका संबंध अंधकार के विरुद्ध लड़नेवाली शक्तियों से है। कुछ लोगों के लिए यह एक किंवदंती मात्र है और वे उस पर खामोश रहते हैं, किंतु काव्य-नायक की दृष्टि में "यह कथा नहीं है, यह सब सच है।" उल्लेखनीय है कि भयाक्रांत काव्य-नायक के मस्तिष्क में दुःस्वप्नों के साथ जन-क्रांति का भी स्वप्न आता है। यह इच्छा-पूर्ति भी हो सकती है। इसे कुछ लोग वास्तविकता पर आशावादी कल्पना का आरोप भी कह सकते हैं। किंतु देखना यह है कि कविता के अंतर्गत अन्य स्वप्न-चित्रों के समान ही यह स्वप्न-चित्र भी काव्यात्मक मूर्तिमत्ता के साथ चित्रित हुआ है या नहीं? और असंदिग्ध है कि "कहीं आग लग गई, कहीं गोली चल गई" की आवृत्तियों के साथ आनेवाला समूचा क्रांति-चित्र कहीं अधिक मूर्त और सजीव है। वैसे, वास्तविकता की जाँच की कसौटी इस स्वप्न के लिए भी वही होगी जो अन्य दुः स्वप्नों के लिए है।

'अँधेरे में' की संरचना की सबसे बड़ी विशेषता है परस्पर विरोधी भावचित्रों का धूप-छाँही मेल, जिसे आचार्य शुक्ल 'विरुद्धों का सामंजस्य' कहते थे। अंधकार की गहरी पटभूमि पर एक आलोक-रेखा खींचकर कालजयी काव्य-कृतित्व का जो प्रतिमान किसी समय निराला की **राम की शक्तिपूजा** ने उपस्थित किया था, 'अँधेरे में' के द्वारा मुक्तिबोध ने उसी तरह की दूसरी काव्य-कृति प्रस्तुत की। 'अँधेरे में ' के अंतर्गत सर्वत्र अँधेरा ही नहीं है, बल्कि चमकती हुई रंग-बिरंगी मणियाँ भी हैं; बंदूक और गोली ही नहीं, फूलों के गुच्छे भी हैं ; पिशाच-आकृति पुरुष ही नहीं, सकर्मक सत्-चित्-वेदना-भास्कर नए-नए सहचर भी हैं; भय ही नहीं, मानव-करुणा भी है; पीड़ा ही नहीं, आस्था भी है। संपूर्ण कविता के अंधकार के ऊपर अस्तित्व की एक अलौकिक सुगंध परिव्याप्त है :

> रात्रि के श्यामल ओस से क्षालित
> कोई गुरु-गंभीर महान् अस्तित्व
> महकता है लगातार
> अँधेरे में पता नहीं चलता
> मात्र सुगंध है सब ओर,
> पर, उस महक-लहर में
> कोई छिपी वेदना, कोई गुप्त चिंता

छटपटा रही है, छटपटा रही है।

अस्तित्व की यह सुगंध वस्तुतः मानवीयता है : कविता के अंतर्गत मानवीय उपस्थिति ही सुगंध के रूप में व्याप्त है। इस उपस्थिति का कारण है कवि का परिप्रेक्ष्य-बोध। उचित परिप्रेक्ष्य के बिना जो परिवेश अन्य अनेक कवियों के लिए अंधकारपूर्ण है, मुक्तिबोध ने उसी में यदि प्रकाश की किरण भी देख ली तो इसलिए कि उनकी दृष्टि भविष्य तक विस्तृत है। यह भविष्य ही आज के परिवेश को सही परिप्रेक्ष्य प्रदान करता है। इसे काल्पनिक आशावाद कहकर टाला नहीं जा सकता। अस्तित्वहीन होते हुए भी भविष्य वर्तमान को एक अर्थ प्रदान करता है—इतिहास का यह एक विरोधाभास है।

कवि मुक्तिबोध के लिए अस्मिता की खोज व्यक्ति की खोज नहीं बल्कि अभिव्यक्ति की खोज है। एक कवि के नाते उनके लिए परम अभिव्यक्ति ही अस्मिता है। भाषा स्वभावतः इस अभिव्यक्ति का आधार है। 'अँधेरे में' कविता के अंतर्गत जगह-जगह इस काव्यगत अभिव्यक्ति की समस्याएँ भी उठाई गई हैं। जैसे कुछ नाटकों में नाटक के भीतर एक और नाटक होता है, 'अँधेरे में' कविता के अंदर कविता की निजी समस्याओं का निरूपण करती है। इस प्रकार एक स्तर पर यह 'कविता के बारे में कविता' है। दिमागी 'स्क्रीनिंग' के बाद रिहा होने पर काव्य-नायक नये सिरे से जिंदगी शुरू करने का संकल्प करता है। एक ओर साथियों की खोज और दूसरी ओर नये दायित्व के अनुरूप अभिव्यक्ति को सँजोने का प्रयास। वह जमीन पर पड़े चमकीले पत्थरों को चुनता है : लेकिन तुरंत ही उसे उन पत्थरों की अपर्याप्तता का अनुभव होता है :

किंतु, असंतोष मुझको है गहरा,
शब्दाभिव्यक्ति-अभाव का संकेत।
काव्य-चमत्कार उतना ही रंगीन
परंतु, ठंडा।
मेरे भी फूल हैं तेजस्क्रिय, पर
अतिशय शीतल।

इसके बाद यह असंतोष जिस संकल्प का रूप लेता है उसकी झलक इन पंक्तियों में मिल सकती है :

अब अभिव्यक्ति के सारे खतरे
उठाने ही होंगे।
तोड़ने होंगे ही मठ और गढ़ सब।
पहुँचना होगा दुर्गम पहाड़ों के उस पार
तब कहीं देखने मिलेंगी बाँहें

जिनमें कि प्रतिपल काँपता रहता
अरुण कमल एक।

स्पष्ट है कि मुक्तिबोध के लिए भाषागत अभिव्यक्ति जीवन की अभिव्यक्ति से अभिन्न रूप में जुड़ी हुई है। अभिव्यक्ति के खतरे उठाने का मतलब है मठों और गढ़ों को तोड़ना, साथ ही 'अरुण कमल' के लिए दुर्गम पहाड़ों के पार जाने का जोखम उठाना है। इस प्रक्रिया में मुक्तिबोध ने काव्य-भाषा को एक नया तेवर दिया है, जो नई कविता की सामान्य काव्य-भाषा की तुलना में काफी अनगढ़ और बेडौल लगती है। किंतु इससे केवल यही सिद्ध होता है कि मुक्तिबोध की भाषा **काव्यात्मक** नहीं है ; इससे उसकी 'व्यंजकता' असिद्ध नहीं होती। अंग्रेजी में कुछ आलोचकों ने कविता की भाषा के लिए 'पोएटिक' और 'पोएटिकल' दो शब्दों का प्रयोग किया है। अनुकरणशील कवि प्रायः उस 'पोएटिकल' भाषा का प्रयोग करते हैं जो परंपरा से काव्यात्मक भाषा के रूप में प्राप्त होती है। इसके विपरीत सृजनशील कवि परंपरागत **काव्यात्मक भाषा** के दायरे को तोड़कर अपने नये कथ्य के अनुरूप 'काव्य-भाषा' का निर्माण करता है जो आरंभ में खुरदरी लगते हुए भी अपनी अर्थवत्ता में जानदार होती है। इस दृष्टि से निराला के समान ही मुक्तिबोध की भाषा भी **तेजस्क्रिय** है। जिस प्रकार 'राम की शक्तिपूजा' में समासबहुला संस्कृतनिष्ठ हिन्दी के साथ ही बोलचाल की भाषा के टुकड़े पिरोए हुए हैं उसी तरह 'अँधेरे में' भी भाषा के दोनों रूप मिलते हैं। कविता में भाषा कठिन है या सरल, संस्कृतनिष्ठ है या बोलचाल की आदि, प्रश्न अप्रासंगिक हैं। 'अँधेरे में'-जैसी नाटकीय कविता में देखना यह है कि भाषा का नाटकीय उपयोग किस रूप में किया गया है और किस हद तक। और कहना न होगा कि 'अँधेरे में' के अंतर्गत संदर्भ-भेद से भाषा की नाटकीय भंगिमाएँ विविध हैं। कहीं सघन बिंबों की माला है तो कहीं ठेठ सपाटबयानी। कहीं "साँवली हवाओं में काल टहलता है" तो कहीं इस प्रकार के दो टूक कथन :

कविता में कहने की आदत नहीं, पर कह दूँ
वर्तमान समाज चल नहीं सकता।

मुक्तिबोध की भाषा पर अनगढ़ता का आरोप लगाते समय इस बारे में सोच देखना चाहिए कि जिस तिलिस्मी दुनिया की सृष्टि वे कविता में कर ले जाते हैं, वह क्या असमर्थ भाषा में कभी संभव है? वस्तुत : 'अँधेरे में' का खौफनाक काव्य-संसार समर्थ भाषा की ही सृष्टि है। मुक्तिबोध जब कहते हैं कि 'बिंब फेंकती वेदना नदियाँ' तो वे एक तरह से उस कवि-कल्पना की ओर संकेत करते हैं जो अपनी अजस्र सृजनशीलता में बिंब फेंकती चलती है। वस्तुत : कवि की शक्ति कल्पना के उस वेग और विस्तार से मापी जाती है जिसे अंग्रेजी में 'स्वीप ऑफ इमेजिनेशन' कहते हैं; और कहना न होगा कि 'अँधेरे में' की कल्पना-शक्ति अपने समवर्ती समस्त कवियों में सबसे विकट और विस्तृत है।

इसीलिए वे प्रगीतों के युग में भी महाकाव्यात्मक कल्पना के धनी और नाटकीय प्रतिभा के प्रयोगकर्ता हैं।

वस्तुतः मुक्तिबोध की अभिव्यक्ति की अर्थवत्ता फुटकल शब्द-प्रयोगों से नहीं आँकी जा सकती और न दो-चार बिंबों अथवा भाव-चित्रों से मापी जा सकती है। उनकी अभिव्यक्ति की गरिमा का पता उस विराट बिंब-लोक से चलता है जो 'अँधेरे में'–जैसी महाकाव्यात्मक कविता अपनी समग्रता में प्रस्तुत करती है। इस संदर्भ के द्वारा ही कविता के अंतर्गत आए हुए छोटे-छोटे सामान्य सपाट कथन भी अर्थ-गौरव से पूर्ण लगते हैं। उदाहरण के लिए :

क्या करुँ, किससे कहूँ
कहाँ जाऊँ, दिल्ली या उज्जैन?

जैसी सीधी-सादी उक्ति भी कविता के नाटकीय संदर्भ में आधुनिक मानव की ऐतिहासिक बेचैनी को ध्वनित करती है। 'अँधेरे में' भाषा की ऐसी नाटकीय संभावनाओं के उद्‌घाटन का अनूठा काव्य-प्रयास है।

'अँधेरे में' मुक्तिबोध के प्रतिनिधि काव्य-संकलन 'चाँद का मुँह टेढ़ा है' की ही अंतिम कविता नहीं, कदाचित् उनकी अंतिम रचना भी है जिसे कवि-कर्म की चरम परिणति भी कहा जा सकता है। कुल मिलाकर इसे यदि नई कविता की भी चरम उपलब्धि कहा जाए तो अतिशयोक्ति न होगी।

'अँधेरे में': पुनश्च

नामवर सिंह

'कविता के नए प्रतिमान' के अंतर्गत मुक्तिबोध की 'अँधेरे में' शीर्षक कविता की व्याख्या प्रकाशित होने के बाद से उस कविता की अनेक व्याख्याएँ सामने आई हैं, साथ ही उक्त व्याख्या की समीक्षाएँ भी। इस क्रम में मुक्तिबोध के काव्य पर तरह-तरह की सम्मतियाँ भी दी गई हैं। कोई मुक्तिबोध को एकदम सशस्त्र क्रांति का समर्थक घोषित कर रहा है तो किसी की राय में वे रहस्यवाद और अस्तित्ववाद के साथ मार्क्सवाद के समन्वय का असफल प्रयत्न करते हैं। चर्चा चूँकि 'अँधेरे में' से निकलकर मुक्तिबोध के समूचे काव्य—बल्कि साहित्य तक फैल गई है, इसलिए इस फैलाव का पुनः परीक्षण आवश्यक हो उठा है। यह व्यापक संदर्भ उक्त कविता पर पुनर्विचार के लिए भी उपयोगी हो सकता है।

मुक्तिबोध के काव्य-संसार की पटभूमि में असंदिग्ध रूप से ऐसी शासन-व्यवस्था या सत्ता है जो निहायत चालाक होने के साथ ही बेहद आततायी है। कर्फ्यू और मार्शल-लॉ इस सत्ता के आम तरीके हैं। काल-क्रमानुसार कविताओं को देखने से पता चलता है कि इस व्यवस्था का आतंककारी रूप क्रमशः बढ़ता जा रहा है। अंतिम दिनों यानी छठे दशक के अंत की कविताओं में हत्या, डाका, आगजनी आदि की घटनाएँ जुड़ जाती हैं। 'इस चौड़े ऊँचे टीले पर' कविता में अहाते के अंदर के बंगले में हत्या हो जाती है, 'चंबल की घाटी में' पृथ्वी पर कहीं पर 'उदार चेतनाध्यक्ष की हत्या' होती है : 'अँधेरे में' एक कलाकार गोली का शिकार होता है। यदि इन हत्याओं को प्रतीक भी मान लें तो भी यह सवाल अपनी जगह कायम है कि हत्या के ही इतने प्रतीक क्यों? 'चाँद का मुँह टेढ़ा है' कविता में सन् तरेपन की सत्ता का प्रतीक गंजा सिर चांद है तो 'चंबल की घाटी में' तक आते-आते वही सत्ता ऐसा धातुधान मालूम होती है जिसके बारे में यह आशंका है कि "छलनाएँ असफल होते देखकर/इंद्रजाल त्याग, वह/खुलकर काम करे/कभी-कभी सामने भी आ जाए/दस्यु ही बन जाए/हथियार कारखाने चुपचाप/कायम करे, गिरोह बनाए और/आतंक फैलाए।" पहले जहाँ इस सत्ता का आतंक केवल उसके अफसरों, गुप्तचरों, सिपाहियों और सैनिकों के बल पर कायम दिखता है, उसमें क्रमशः उद्योगपति, नेता, विक्रेता, पत्रकार,

कलाकार, कवि, समीक्षक आदि भी जुलूस बनाकर शामिल होने लगते हैं? यह जुलूस पहली बार 'एक स्वप्न-कथा' में प्रकट होता है और अंत में 'अँधेरे में' कविता के अंतर्गत निस्संदेह पहले से कहीं अधिक प्रभावशाली रूप में 'चकमक की चिनगारियाँ' से मालूम होता है कि यह सत्ता पर्चे जब्त करती है, किताबों को गैर-कानूनी घोषित करती है और बड़े पैमाने पर पाबंदी लगाती है। यह सत्ता अपने नंगे दमन के बावजूद कवि की दृष्टि में, काफी पेचीदा और मायाविनी है—विशेषत : इसका सांस्कृतिक पक्ष/मुक्तिबोध को "शोषण की सभ्यता के नियमों के अनुसार/बनी हुई संस्कृति के तिलिस्मी/सियाह चक्रव्यूह" स्पष्ट दिखायी देते हैं। वैसे, अपनी सारी शालीनता के बावजूद यह संस्कृति अपने नग्न बर्बर रूप को छिपाने में असमर्थ रहती है। कवि के शब्दों में "संस्कृति के सुगंधित आधुनिकतम वस्त्रों के/अंदर का वासी वह/नग्न अति बर्बर देह।" ऊपर से देखने में यह व्यवस्था चाहे जितनी भयानक हो, पर है वस्तुत : "लकड़ी का रावण" ही। इस व्यवस्था के आंतरिक खोखलेपन की ओर मुक्तिबोध ने जगह-जगह संकेत किया है। उदाहरण के लिए 'एक स्वप्न-कथा' में 'फुसफुसे पहाड़ों-सी पुरुषों की आकृतियाँ' हैं और उनकी 'रिक्त प्रकृतियाँ' हैं। मुक्तिबोध ने इस सत्ता के खोखलेपन के साथ ही इसकी अमूर्तता का भी उललेख किया है। 'मुझे याद आते हैं' शीर्षक कविता में यह सत्ता 'आकार में निराकार', 'अपौरुषेय' तथा 'भयंकर दुः स्वप्न का विश्व रूप' कही गई है। अंत में इस व्यवस्था को पश्चिमी साम्राज्यवाद से भी संबद्ध बतलाया गया है। इस दृष्टि से 'एक स्वप्न-कथा' के ये शब्द उल्लेखनीय हैं : "इस काले सागर का/सुदूर स्थित पश्चिम किनारे से/जरूर कुछ नाता है/इसीलिए हमारे पास सुख नहीं आता है।"

इस परिवेश में मुक्तिबोध की प्रमुख चिंता यही है कि "डूबता चाँद कब डूबेगा?" आगे चलकर 'अंतः करण का आयतन' में उन्होंने साफ शब्दों में कहा है कि "क्या उत्पीड़कों के वर्ग से होगी न मेरी मुक्ति?" 'चकमक की चिनगारियाँ' में इसी प्रश्न को पूरे देश के पैमाने पर उठाते हुए कवि पुनः कहता है :

मेरे सामने है प्रश्न
क्या होगा कहाँ किस भाँति
मेरे देश भारत में
पुरानी हाय में से
किस तरह से आग भभकेगी।
उड़ेंगी किस तरह भक से
हमारे वक्ष पर लेटी हुई
विकराल चटटानें
व इस पूरी क्रिया में से
उभर कर भव्य होंगे, कौन मानव गुण?

कहने की आवश्यकता नहीं कि यह आग क्रांति है और ये पंक्तियाँ क्रांति का आह्वान है। मुक्तिबोध को इस बात का पूरा एहसास है कि यह प्रश्न जितना सीधा है उसका उत्तर उतना सीधा नहीं है, वरना यह आग कभी भड़क उठी होती। क्रांति निश्चय ही जनता करेगी, किंतु जैसा कि 'मेरे लोग' शीर्षक कविता में मुक्तिबोध ने कहा है, "किसी की खोज है उनको/किसी नेतृत्व की।"

सवाल यह है कि यह नेतृत्व कौन प्रदान करे? परंपरा से बुद्धिजीवी वर्ग के लोग ही यह नेतृत्व प्रदान करते आए हैं। किंतु मुक्तिबोध देखते हैं कि बहुत-से बुद्धिजीवी सत्ता के हाथों बिक गए हैं। इस बिके हुए बौद्धिक वर्ग की चर्चा मुक्तिबोध की अनेक कविताओं में है, किंतु 'अँधेरे में' कविता के अंतर्गत स्पष्ट शब्दों में कहा गया है कि "रक्तपायी वर्ग से नाभिनाल-बद्ध ये लोग" हैं : दूसरे शब्दों में "बौद्धिक वर्ग है क्रीतदास।" निस्संदेह कुछ लोग ऐसे हैं जो एकदम क्रीतदास नहीं हैं, लेकिन वे सबसे असंग रहकर अपने निजत्व की रक्षा में तल्लीन रहते हैं। 'चंबल की घाटी में' ऐसे **गहन निजत्व** वाले लोगों को "टूटकर गिरे हुए तारों का बुझा हुआ हिस्सा" कहा है। इनसे कुछ भिन्न बौद्धिकों का एक और वर्ग है जिसका प्रतिनिधि 'अँधेरे में' कविता का एकांतप्रिय कलाकार है जो स्वयं "मुक्तिबोध का इच्छुक" ही नहीं, बल्कि मानसिक रूप में "मुक्ति के यत्नों के साथ निरंतर" रहा है। उसका दुर्भाग्य यह है कि वह "कार्य क्षमता से वंचित व्यक्ति" है। अपनी असंगता के बावजूद वह सत्ता के वधिकों के हाथों मारा जाता है।

फिर भी कुछ लोग अभी जिंदा हैं और ये अपने वर्ग के पूर्वोक्त सभी लोगों से भिन्न हैं। इनकी "आत्मा की एकता में दुई है।" इनकी आत्मा में गहरी बेचैनी है। ये न तो सत्ता से समझौता करने के लिए तैयार हैं और न असंगता का मार्ग ही अपनाना चाहते हैं, मुक्तिबोध के शब्दों में **आत्मचेतस्** भी हैं और **विश्वचेतस्** भी। इसीलिए इनमें भयानक आत्मसंघर्ष चलता रहता है। अपने वर्ग की स्वाभाविक मध्यवर्गीय कमजोरियाँ इनमें भी हैं किंतु इन्हें अपनी कमजोरियों का पूरा एहसास है। इनमें आत्मसमीक्षा इतनी तीव्र है कि ये वर्तमान व्यवस्था के बने रहने के लिए अपने-आपको जिम्मेदार ठहराते हैं और इस प्रकार एक गहरे अपराध-बोध से पीड़ित रहते हैं। इसलिए ये उस व्यवस्था को तोड़ने के लिए स्वयं भी टूटने को तैयार दिखते हैं। मुक्तिबोध की कविताओं का काव्य-नायक—मैं–सामान्यतः इन्हीं लोगों का प्रतिनिधि है, जिसकी वर्गगत स्थिति 'चंबल की घाटी में' शीर्षक कविता में इस प्रकार स्पष्ट की गई है :

> अपने समाज में अकेला हूँ बिल्कुल
> मुझमें जो भयानक छटपटाहट है
> नहीं वह किसी में,
> इसलिए, अपना ही श्रेणीगत
> साम्य है जिनसे,

उनसे ही गहरा विद्वेष—
विरोध, विरोध, विरोध ! !
किंतु, जो दूर हैं
अलग, पृथक हैं
जो अति भिन्न हैं
मित्र हैं वे ही ;
परंतु, शत गुण धर्म जो उनके
ले नहीं पाता हूँ चाहने पर भी

फिर भी इस 'मैं' का निरंतर यही प्रयास है कि उस भिन्न वर्ग से एकात्म स्थापित कर ले और इस प्रकार मुक्ति की प्राप्ति करे ; क्योंकि उसे पूरा विश्वास है कि "कभी अकेले में मुक्ति, न मिलती/यदि वह है तो सबके ही साथ।" एक तरह से देखें तो मुक्तिबोध की कविताओं में काव्य-नायक के रूप में व्यक्त होनेवाला यह चरित्र उन कविताओं का अभिप्रेत या संभाव्य पाठक भी है, जिसे ये संबोधित प्रतीत होती हैं। निश्चय ही यह काव्य-नायक मुक्तिबोध का प्रतिरूप नहीं है और न इसे मुक्तिबोध समझने का भ्रम ही होना चाहिए। यह कवि की कल्पसृष्टि है—बल्कि कल्पसृष्टियों में से एक, ठीक उसी तरह जैसे **एक साहित्यिक की डायरी** का 'मैं' और '**क्लाड ईथरली**', '**पक्षी और दीमक**', '**विपात्र**' आदि कहानियों का 'मैं'। इस चरित्र को प्रबुद्ध, प्रेरित और सक्रिय करके उसकी आस्था को दृढ़ करने के लिए ही मुक्तिबोध ने यह आत्मपरक ढंग अपनाया है। अभिप्रेत यही है कि "गुप्त स्वार्थों और चालाक बेईमानियों की इस सभ्य तानाशाही के दबाव" के सम्मुख अपने चरित्र का खरापन और अपना मानवीय गौरव बनाए रखते हुए ऐसा संगठित सामूहिक जन-प्रयास किया जाए कि यह स्थिति बदले—समाप्त हो ; कहने की आवश्यकता नहीं कि 'पक्षी और दीमक' तथा 'विपात्र' की सांस्कृतिक संस्था का संसार भी आज की व्यवस्था का ही एक छोटा नमूना है और इस प्रकार मुक्तिबोध के काव्य-संसार की उक्त पटभूमि का ही प्रतिरूप है। इसी प्रकार 'क्लाड ईथरली' का पागलखाना भी मुक्तिबोध की कविताओं की तिलिस्मी गुहा और तहखाने की याद दिलाता है। काव्य-संसार के विभिन्न मध्यवर्गीय चरित्रों की तरह इन कहानियों में ऐसे चरित्र मिलते हैं, जिनमें से कुछ व्यवस्था के क्रीतदास हैं तो कुछ एकदम असग-उदासीन और कुछ बेचैन, विक्षुब्ध, आत्मचेतस्। इन कहानियों में भी एक दमघोंट वातावरण से मुक्ति की छटपटाहट व्यक्त हुई है। संक्षेप में यह है मुक्तिबोध के समूचे साहित्य के संदर्भ की मोटी रूपरेखा। उनके केंद्रीय कृति-कथ्य का निरूपण इसी संदर्भ में समीचीन है।

एक साहित्यिक की डायरी के 'डबरे पर सूरज का बिंब' शीर्षक आलेख में एक नवोदित लेखक कहता है कि "मैं उस भयानक मशीन का चित्रण करनेवाली कहानी नहीं,

बल्कि उपन्यास लिखनेवाला हूँ जिसमें हर आदमी वह नहीं है जो वह वस्तुतः है, या होना चाहेगा।" क्या मुक्तिबोध का सारा साहित्य ही वह उपन्यास नहीं है? 'विपात्र' की सांस्कृतिक संस्था, 'चाँद का मुँह टेढ़ा है' का काइयाँ चाँद, 'चंबल की घाटी में' का डरावना डाकू, 'इस चौड़े ऊँचे टीले पर' का भुतहा बंगला, 'अँधेरे में'की किसी मृत दल की शोभा यात्रा आदि वह भयानक मशीन या उस मशीन के ही पुर्जे नहीं तो क्या हैं? किंतु विशेष रूप से ध्यान देने योग्य है मशीन का यह घातक प्रमाद कि उसके चलते हर आदमी वह नहीं है जो वह वस्तुतः है या होना चाहेगा। दूसरे शब्दों में यह ऐसा तंत्र है जिसमें आदमी अपना वास्तविक रूप ही नहीं खो बैठता, बल्कि अपनी सारी संभावनाओं से भी वंचित रह जाता है। इस प्रकार एक व्यापक **अलगाव** पैदा होता : जो '**है**' और जो **वस्तुत : है** के बीच ; जो **वस्तुत : है** और जो **होना चाहता** है के बीच। यह 'अलगाव' पूरे समाज के स्तर पर वर्ग-भेद है तो व्यक्ति के स्तर पर अस्मिता का लोप। पूँजीवाद का विश्लेषण करते हुए मार्क्स ने 'अलगाव' के वैयक्तिक से लेकर सामाजिक स्तर तक व्याप्त सभी पक्षों का उद्‌घाटन किया है। मार्क्स के अनुसार पूँजीवादी व्यवस्था में इस अलगाव के शिकार सभी वर्गों के लोग होते हैं किंतु इसका सबसे घातक प्रभाव मजदूर वर्ग पर पड़ता है—इस हद तक कि वह सर्वहारा हो जाता है।

मुक्तिबोध ने अपनी रचनाओं में खास तौर से इस 'अलगाव' पर दृष्टि केंद्रित की है, किंतु उनके सम्मुख इस 'अलगाव' का प्रमुख आलंबन निम्न मध्यवर्ग है। निम्न-मध्यवर्ग का अलगाव उनके साहित्य का विषय शायद इसलिए है कि फिलहाल यही वर्ग साहित्य का सुलभ संबोधित पाठक है। वैसे, वर्ग के रूप में निम्न-मध्यवर्ग के रूप में निम्न-मध्यवर्ग को लेकर मुक्तिबोध को कोई मुगालता नहीं है। 'विपात्र' के 'बॉस' के दरबार में शिक्षित मध्यवर्गीय व्यक्तियों के व्यवहार का यथार्थ चित्र इस वर्ग के सामूहिक नपुंसकत्व की स्पष्ट घोषणा करता है। इसी वर्ग को 'चंबल की घाटी में' घूमनेवाले डाकू की कुर्सी कहा गया है ; और अंत में 'अँधेरे में' कविता के पागल की आत्मभर्त्सना में इसी वर्ग की कटु समीक्षा है। किंतु इन सबके बावजूद इसी वर्ग में मुक्तिबोध को संभावना के बीज भी दिखायी पड़ते हैं और मुक्तिबोध के कवि-व्यक्तित्व का यही वह पहलू है जो उन्हें **खूँखार सिनिक, संशयवाद** होने से बचा लेता है। इसीलिए उनका साहित्य मध्यवर्ग की कोरी भर्त्सना और कटु आलोचना-मात्र नहीं बल्कि उन्हीं के शब्दों में **मर्मी आलोचना** है, जिसकी व्याख्या उन्होंने इस प्रकार की है : "मर्मी आलोचना ऊपर से चाहे जितनी कठोर और खुरदुरी हो, अंततः उसमें एक बड़ी भारी श्रद्धा होती है, और यह कि मनुष्य में सुधार किया जा सकता है, यह कि मनुष्य अपनी कमजोरियों के ऊपर उठ सकता है।. . . यह श्रद्धा व्यक्तिविशेष पर श्रद्धा नहीं है, किंतु उसके सुषुप्त या जाग्रत सामर्थ्य पर श्रद्धा है।" इस प्रसंग में मुक्तिबोध कहते हैं कि इस बुनियादी श्रद्धा के फलस्वरुप इतना सारा साहित्य लिखा गया है। वास्तविकता यह है कि मनुष्य के निहित सामर्थ्य पर यदि यह बुनियादी श्रद्धा न हो तो फिर साहित्य की आवश्यकता क्या है? इसी बुनियादी श्रद्धा के कारण

मुक्तिबोध यह कहते हैं कि "हम सब लोग ऐसे डबरे हैं जो अपने भीतर सूरज का प्रतिबिंब धारण किए हैं।" वे 'डबरे पर सूरज का बिंब'– जैसे जीवंत बिंब के द्वारा हर डबरे को या जो अपने-आपको डबरा समझता है उसे उसके खुद के भीतर निहित सूरज के बिंब के प्रति आत्मसजग करना चाहते हैं। इसीलिए उनकी रचनाओं में मानव की इस अंतर्निहित शक्ति के बिंब प्राय : मिलते हैं। अंतस्तल में छिपी हुई 'विक्षोभ-मणियाँ' और 'विवेक-रत्न' ऐसे ही बिंब हैं। इसी प्रसंग में 'परित्यक्त शिशु' का भी उल्लेख किया जा सकता है और 'मुझे पुकारती हुई पुकार खो गई कहीं' का भी। मुक्तिबोध की कविताओं में एकाधिक बार प्रकट होनेवाला वह 'रक्तालोक-स्नात पुरुष' भी मनुष्य की इसी अंत-संभावना का मूर्त रूप है।

मुक्तिबोध ने जहाँ मनुष्य की इस सामर्थ्य-संभावना को पहचाना है, वहीं इस तथ्य को भी उन्होंने अनदेखा नहीं किया है कि बहुत-से लोग अपनी इस सामर्थ्य-संभावना से बेखबर हैं। यह आत्म-विस्मृति सदा अनायास ही नहीं होती, बल्कि सायास भी होती है। लाभ-लोभ या भय-आतंक के कारण बहुत-से लोग अपने इस पक्ष को जान-बूझकर मन के तहखाने में डाल देते हैं। 'क्लाड ईथरली' कहानी में मुक्तिबोध कहते हैं कि "हमारे अपने-अपने मन-हृदय-मस्तिष्कों में ऐसा ही एक पागलखाना है जहाँ हम उन उच्च पवित्र और विद्रोही विचारों और भावों को फेंक देते हैं।" 'अँधेरे में' कविता में भी एक पागल है जिसका गाना सुनने के बाद काव्य-नायक को लगा कि "व्यक्तित्व अपना ही, अपने से खोजा हुआ/वही उसे अकस्मात मिलता था रात में।" यह पागल तहखाने या पागलखाने में नहीं बल्कि एक बरगद के तले पड़ा रहता है। यहाँ तहखाने में—तिलिस्मी गुफा में रहनेवाला 'रक्तालोक-स्नात पुरुष' है। यह पुरुष स्वेच्छा से गुहावास कर रहा है या उसे किसी ने गुहावास दिया है, यह स्पष्ट नहीं कहा गया है, किंतु प्राकृत गुहा में जल-प्रपात के अंदर चमकती हुई मणियों के बारे में स्पष्ट कहा गया है कि "हाय-हाय मैंने उन्हें गुहावास दे दिया।"

मुक्तिबोध ने **एक साहित्यिक की डायरी** में 'कलाकार की व्यक्तिगत ईमानदारी' पर विचार करते हुए इस प्रकार के 'सेंसर्स' यानी 'गहरे अंतर्निषेधों' का विस्तार से विश्लेषण किया है। जिस तरह इन अंतर्निषेधों के खिलाफ संघर्ष करने से कलाकार की ईमानदारी प्रकट होती है, उसी तरह सामान्य मनुष्य के लिए भी ईमानदारी का तकाजा है कि वह अपने अंतर्निषेधों से संघर्ष करे। इसीलिए मुक्तिबोध ने आत्मसंघर्ष पर इतना अधिक बल दिया है। वैसे तो विभक्त मन के दो पक्षों में आत्मसंघर्ष की प्रवृत्ति स्वाभाविक है, पर बहुत-से लोग इन दोनों पक्षों के बीच **शांतिपूर्ण सहअस्तित्व** की स्थिति स्थापित करके सहज आत्मसंघर्ष को दबा देते हैं। इसीलिए मुक्तिबोध को आत्मसंघर्ष पर विशेष बल देने की आवश्यकता पड़ी। किंतु आत्मसंघर्ष ही काफी नहीं है। मुक्तिबोध यह मानते हैं कि "आत्मपक्ष और परिस्थिति-पक्ष एक ही वास्तविकता के दो अंग हैं और इन दोनों में

गहरे अंतः संबंध हैं।" इस प्रकार आत्मसंघर्ष का गहरा संबंध बाह्य सामाजिक संघर्ष से है, जाहिर है कि सामाजिक संघर्ष में भाग लेकर ही इस आत्मसंघर्ष को निर्णायक दिशा की ओर उन्मुख किया जा सकता है। इसलिए मुक्तिबोध की अधिकांश कविताओं का अंत किसी हड़ताल या जन-आंदोलन अथवा किसी जनक्रांति के आरंभ से होता है और काव्य-नायक कभी तो उस आंदोलन या क्रांति का द्रष्टा मात्र होता है, और कभी उसका प्रेरक। जो भी हो किसी-न-किसी रूप में काव्य-नायक उस घटना से अपना लगाव जरूर महसूस करता है। इस तरह आत्मसंघर्ष की परिणति अंततः सामाजिक संघर्ष में होती है। कुल मिलाकर मुक्तिबोध के संपूर्ण साहित्य के कथ्य का बुनियादी ढाँचा यही है। यह सही है कि प्रत्येक रचना में यह पूरा ढाँचा नहीं आ सका है, किंतु अपनी आंशिक सीमा में भी हर रचना किसी-न-किसी प्रकार इस समग्र कथ्य का आभास अवश्य देती है।

स्पष्टतः इसी ढाँचे में न रहस्यवाद के लिए गुंजाइश है और न अस्तित्ववाद के लिए। फिर भी कुछ आलोचक हैं जिन्हें मुक्तिबोध में रहस्यवाद भी दिखायी पड़ता है और अस्तित्ववाद भी। 1969 के 21 और 28 दिसंबर के धर्मयुग में डॉ. रामविलास शर्मा ने 'मुक्तिबोध का आत्मसंघर्ष और उनकी कविता' शीर्षक जो लंबा लेख प्रकाशित किया है, उसमें मुक्तिबोध की कविता में रहस्यवाद और अस्तित्ववाद दोनों के तत्त्व सोदाहरण निरूपित किए गए हैं। रहस्यवाद और अस्तित्ववाद पैदा होते हैं आत्मग्रस्तता से 'और डॉ. शर्मा की धारणा है कि मुक्तिबोध बाहर की दुनिया में मार खाकर अंतर्मुख तथा आत्मग्रस्त हो गए।' 'किंतु मुक्तिबोध की एक भी कविता ऐसी नहीं है जिसमें नितांत अंतर्मुखता हो। सर्वत्र अंतर्मुखता के साथ बहिर्मुखता अनिवार्यतः जुड़ी चली आती है। उदाहरण के लिए डॉ. शर्मा ने जिन तीन कविताओं–'मुझे पुकारती हुई पुकार', 'कल जो हमने चर्चा की थी' और 'एक स्वप्न-कथा' के आधार पर रहस्यवाद और अस्तित्ववाद की स्थापना की है, उनमें भी कवि की आत्मपीड़ा का आधार जगत-पीड़ा ही है। 'मुझे पुकारती हुई पुकार' में 'प्राण की उदास भूमि' के साथ "उजाड़ विश्व" की "समस्त नग्नता" का चित्र है। 'कल जो हमने चर्चा की थी' में चर्चा के अंतर्गत स्पष्ट कहा गया है कि "देश-देश की पीड़ाओं के उन सत्यों की बातें की थीं।" और 'एक स्वप्न-कथा' में तो स्वप्न के सागर तल पर एक ऐसा जुलूस दिखता है जिसमें जाने-पहचाने 'नेता-विक्रेता, अफसर और कलाकार'–जैसे अनगिन चरित्र शामिल हैं। क्या ये बाहरी दुनिया के सारे चित्र आत्मग्रस्त चित्र के निजी बिंब हैं?

'मुझे पुकारती हुई पुकार' कविता में डॉ. शर्मा को रहस्यवाद इसलिए दिखा कि उसमें एक पंक्ति है : 'तिमिर-विवर में पड़ी अशांत नागिनी :'! 'नागिनी' दिखते ही बोल उठे कि "वह कुंडलिनी है।" 'कल जो हमने चर्चा की थी' कविता में तो और भी सुविधा है : क्योंकि उसमें साफ-साफ 'कुंडलिनी' का ही जिक्र है और साथ-साथ 'इड़ा-पिंगला-सुषुम्ना' का भी। इतने प्रमाण एकत्र मिलने पर वे क्यों न मुक्तिबोध में

हठयोगियों का 'साधनात्मक रहस्यवाद' देखें? खास तौर से तब जब कविता में ज्वालामुखियों के गर्भ में उतरने की बात भी कही गई हो और आगे चलकर 'एक स्वप्न-कथा' में काले सागर के तल में पैठने का भी जिक्र हो।

इसमें कोई शक नहीं कि ये सारे प्रतीक नये-पुराने रहस्यवादी कवियों के हैं किंतु सवाल यह है कि मुक्तिबोध ने इनका इस्तेमाल किस प्रकार किया है और कविता के कथ्य के ढाँचे में ये प्रतीक क्या अर्थ ग्रहण करते हैं? 'तिमिर-विवर में पड़ी अशांत नागिनी' के मुख से रहस्यानुभूति का अमृत नहीं झरता है, बल्कि "भूल-चूक ध्वंसिनी अनावृता हुई।" यही नहीं बल्कि पुकारती हुई "पुकार ने समस्त खोल दी छिपी प्रवंचना।" यह प्रवंचना रहस्यवादियों का आंतरिक पाप-बोध नहीं, बल्कि किसी "उजाड़ प्रांत की महान मानवी कथा" से जुड़ी हुई है। निःसंदेह कवि के अनुसार बाहर से पुकारती हुई यह पुकार वस्तुत : उसके अंदर की ही है किंतु इतने ही से वह रहस्यवादी नहीं हो जाती। इससे इतना ही प्रमाणित होता है कि "आज भी नवीन प्रेरणा यहाँ न मर सकी/न जी सकी, परंतु वह न डर सकी।" क्या प्रेरणा का यह स्वर रहस्यवाद है?

'कल जो हमने चर्चा की थी' में रहस्यवादी रहस्य की शोध करते-करते डॉ. शर्मा ने जिस कौशल से मुक्तिबोध की 'सूर्यकन्या' को पोलिश महिला अग्न्येश्का में बदल दिया है, उस 'भौतिकवाद' की जितनी दाद दी जाए, कम है! इस शोध से मुक्तिबोध के रहस्यवाद का उद्घाटन हो न हो, आलोचना के तिलिस्मी, ऐयारी और जासूसी रूप की एक झलक अवश्य मिल जाती है। बचे, इड़ा-पिंगला-सुषुम्ना और कुंडलिनी-जैसे चिर-परिचित रहस्यवादी प्रतीक! क्या ये प्रतीक इस कविता में किसी रहस्यानुभूति का विवरण उपस्थित करते हैं? क्या इस कविता में मुक्तिबोध यह कह रहे हैं कि कल जो हमने चर्चा की थी, वह योग साधना का कोई रहस्यात्मक अनुवाद था? क्या इस कविता में मुक्तिबोध अग्न्येश्का को उत्तरसाधिका या योगिनी बनाकर कोई गुह्य साधना करते दिखाई पड़ रहे हैं?

निःसंदेह इस कविता में एक बातचीत के तीव्र अनुभव का भावावेगपूर्ण वर्णन है, किंतु जरूरी नहीं कि यह बातचीत सचमुच किसी और से—किसी समानधर्मा से ही हुई हो। मुक्तिबोध की अन्य कृतियों की तरह यह बातचीत अपने-आपसे भी हो सकती है। चर्चा का विषय है देश-देश की पीड़ाएँ। इन पीड़ाओं का विश्लेषण ऐसा है जैसे कोई ज्वालामुखियों में उतरकर जीवन की सच्चाई और सही बात के उत्तर ढूँढ़ रहा हो! कहने को यह अपना ही अंतस्तल है, पर एक तरह से यह जन-मन का भी अंतस्तल कहा जा सकता है। "आस्था का अक्षयवट" यहीं मिलता है और "वेगवान पीड़ा की कन्या" भी जो अपने गुणों में "कर्मनिष्ठा जनजन्या" है। यह कन्या जितनी पृथ्वीतनया है, उतनी ही सूर्यकन्या भी। मुक्तिबोध के शब्दों में "आत्मा का प्रतीक है सूरज" तथा जन-अनुभव "पृथ्वी के भीतर की रज" है। न यह सूरज कोई रहस्य है और न यह धरती। वस्तुतः इस

कविता में भी जगत-जीवन की पीड़ाओं के बीच आस्था की प्राप्ति के अनुभव का प्रतीकात्मक चित्र है। कविता के इस कथ्य की आँच में सारे रहस्यवादी प्रतीक पिघलकर नितांत लौकिक सामयिक अर्थ-दीप्ति प्राप्त कर लेते हैं।

इस तरह देखें तो 'एक स्वप्न-कथा' रहस्यवाद से और भी मुक्त है। वैसे, रहस्यवाद ढूँढ़नेवालों के लिए इसमें "एक अनहद नाद निनादित सर्वतः" भी मौजूद है। 'एक स्वप्न-कथा' में आदि से अंत तक एक "सियाह समुंदर" लहराता है। प्रश्न है : "काले समुंदर की व्याख्या क्या, भाष्य क्या?" एक रहस्यवाद-खोजी की नजर में यह उपचेतन है। किंतु यह कैसा उपचेतन है जिसके बारे में मुक्तिबोध यह कहते हैं कि "इस काले सागर का/सुदूर स्थित पश्चिम किनारे से/जरूर कुछ नाता है/इसीलिए हमारे पास सुख नहीं आता है।" क्या फ्रायड या युंग के उपचेतन को भी इस "पश्चिम किनारे" से नाते का अहसास था? कवि फिर कहता है कि "सहस्रों वर्षों से यह सागर/उफनता आया है/उसका तुम भाष्य करो। उसका व्याख्यान करो।"

> व्याख्यान करता है सागर से उठा हुआ पर्वताकार भयानक देव :
> शोषण की अतिमात्रा
> स्वार्थों की सुखयात्रा
> जब-जब संपन्न हुई
> आत्मा से अर्थ गया, मर गई सभ्यता।
> भीतर की मोरियाँ अचानक खुल गईं।
> जल की सतह मलिन
> ऊँची होती गई
> अंदर सूराख़ से
> अपने उस पाप से
> शहरों के टॉवर सब मीनारें डूब गईं
> काल समुंदर ही लहराया, लहराया।

ऊपर की पंक्तियों से स्पष्ट है कि भीतर की जिन मोरियों के खुलने से यह काला समुंदर लहराया है, वे "शोषण की अतिमात्रा" से बनी हैं। ये "आभ्यंतर ग्रंथियाँ" वस्तुतः "बहि : समस्याएँ" ही हैं। मणि के समान चमकनेवाली स्फूर्तियाँ इसी सागर की जल-खोहों में डूब जाने को विवश हुई हैं। ये मणियाँ किसी रहस्यवादी साधक के आत्मसत्य के समान मन के अंदर पहले ही से छिपी नहीं बैठी हैं, जो नाक-आँख मूँदकर प्राण-मात्र साधने से उपलब्ध हों।

निस्संदेह इस कविता में मुक्तिबोध ने एक ऐसे पत्थर का प्रतीक लिया है जो "पूरे ब्रह्मांड की केंद्र-क्रियाओं का तेजस्वी अंश हो।" किंतु यह "युगानुग तिमिर सागर के

विरुद्ध निज आत्मा की महत्त्वपूर्ण सत्ता" के द्वारा अपने वास्तविक अर्थ का उद्घाटन करता है। यह पत्थर कोई शाश्वत-सनातन सत्य नहीं है, बल्कि मुक्तिबोध की दृष्टि में इसका स्वरूप **ऐतिहासिक** है। इसके पूर्व इतिहास की ओर संकेत करने के लिए ही कविता में "यह खयाल आता है कि एक ज्ञानी पूर्वज ने नदी का पानी काट, मंत्र पढ़ते हुए गहन जलधारा में गोता लगाया था और एक गोलमोल मनोहर तेजस्वी शिलाखंड तपोमय जल में से निकाला था और उसे देव बना पूजा की।" इस पुरागाथा से यह ध्वनित होता है कि मुक्तिबोध स्वयं भी उसी पत्थर को खोज रहे हैं जिसे वे देव बनाकर पूजा कर सकें? मुक्तिबोध आज के युग में भी वह ज्ञानी पूर्वज होना चाहते हैं या उसके देव-पूजन को एक निश्चित ऐतिहासिक अर्थ देने का प्रयास कर रहे हैं? स्पष्टत : मुक्तिबोध की दृष्टि में जिस तरह "सहस्रों वर्षों से" यह सागर उफनता आया है, उसी तरह "सहस्रों वर्षों से" उसे थाहकर पत्थर निकालने का भी प्रयास होता आया है। यह पत्थर उतना ही **ऐतिहासिक** है जितना सागर। कभी उस पत्थर का रूप धार्मिक था, लेकिन आज भी उसका धार्मिक होना आवश्यक नहीं है। हाँ, उसकी प्राप्ति में ज्ञान का जोखम तब भी था और अब भी है। कहने की आवश्यकता नहीं कि यह ऐतिहासिकता रहस्यवाद नहीं, बल्कि रहस्यवाद का दुश्मन है।

डॉ. शर्मा का यह कथन शुद्ध कपोल-कल्पना है कि मुक्तिबोध उस ज्ञान से उकता उठे थे जो सतत विकासमान हो और उन्हें चाहिए था पूर्ण ज्ञान। यदि उन्हें 'पूर्ण ज्ञान' से संतोष करना होता तो वे **एक साहित्यिक की डायरी** में यह न लिखते कि "ज्ञान को अधिकाधिक मार्मिक यथार्थमूलक और विकसित करने का जो संघर्ष है वह वस्तुतः कलाकार का सच्चा संघर्ष होता है," क्या वह कवि सतत विकासमान ज्ञान से उकता उठा था जो "निरंतर वस्तु-तत्व के वस्तुमूलक आकलन" पर बल देता रहा, जो यह मानता था कि "लेखक की निष्ठा और आत्मविश्वास कोई ऐसी शक्ति नहीं है जो उसके साहित्य को फ्रॉड बन जाने से बचाए", जो यह कहता था कि "ईमानदारी के भीतर ही एक बहुत बड़ा संघर्ष होता है", और जिसका यह विश्वास था कि "जीवन-जगत का जो बोध है उसका व्यापक होना, पुष्ट होना, विश्व में ज्ञान का जो आज विकास-स्तर प्राप्त है, उसको आत्मसात करना और उससे आगे बढ़ना आवश्यक है।" यदि मुक्तिबोध को वही पूर्ण ज्ञान अभीष्ट होता जो रहस्यवाद दे सकता है तो फिर इतने तीव्र आत्म-संघर्ष की आवश्यकता क्या थी? मुक्तिबोध का आत्म-संघर्ष इस बात का प्रमाण है कि उन्हें उसी ज्ञान की तलाश थी जो सतत विकासमान हो। मार्क्सवाद पूर्ण ज्ञान का दावा नहीं करता, इस बात का एहसास मुक्तिबोध को उन लोगों से कहीं ज्यादा था जो तोता रटंत इस वाक्य को दुहराते रहने के बावजूद व्यवहार में मार्क्सवाद के लिए ही पूर्ण ज्ञान का दावा नहीं करते बल्कि मार्क्सवाद के बारे में अपने पूर्ण ज्ञान का भी दावा करते हैं। मार्क्सवाद पूर्ण ज्ञान का दावा भले न करे, मार्क्सवादी तो कर ही सकता है और ऐसी हालत में जब

कि स्वयं मुक्तिबोध ने अपनी कृतियों में अपने-आपको मार्क्सवादी न कहा हो, उन्हें गैर-मार्क्सवादी साबित करना और भी आसान हो जाता है।

'एक स्वप्न-कथा' ऐसी कविता है, जिसमें डॉ रामविलास शर्मा के अनुसार "मुक्तिबोध फिर मनोविश्लेषण-शास्त्र, रहस्यवाद, अस्तित्ववाद और मार्क्सवाद में सामंजस्य स्थापित करने का प्रयत्न करते हैं।" इस प्रयत्न में यदि किसी की संगति नहीं बैठती है तो मार्क्सवाद की : क्योंकि कविता के अंत में "क्षोभ-विद्रोह-भरे संगठित विरोध" के "साहसी समाज" को जो जहाज 'अकस्मात्' आता है उसकी कोई संगति नहीं है। संगति न होने का कारण है 'अकस्मात्', क्योंकि जो जहाज अकस्मात् आता है, वह अकस्मात् डूब भी सकता है। डॉ. शर्मा का जितना ध्यान 'अकस्मात्' पर है, उतना यदि 'स्वप्न-कथा' पर होता तो शायद इस जहाज की संगति पर ऐसी आपत्ति न होती! यदि इस स्वप्न-कथा में मार्क्सवाद के प्रतीक जहाज की संगति नहीं है तो फिर मनोविश्लेषण-शास्त्र के प्रतीक उन पक्षियों की क्या संगति है जो सहस्रों वर्षों से उफनते हुए सागर का भाष्य करने की सीख देते हैं? फिर क्या संगति है रहस्यवाद के प्रतीक उस पत्थर की जो "पूरे ब्रह्मांड की क्रियाओं का अंश" है और जिसे सागर तल में खोजना है। इसी तरह ग्लानिकर लहरों में गश आना, सतहों पर छटपटाकर गिरना, माथे पर चोट लगना, लहरों द्वारा रक्त का चूसा जाना आदि अस्तित्ववादी भावजगत् के कार्यक्रम की भी संगति है? स्वप्न-कथा के अंदर यदि संगति है तो उन सभी की जो किसी-न-किसी तरह सागर से संबद्ध हैं या फिर किसी की नहीं। एक बात और ध्यान देने योग्य है कि 'एक स्वप्न-कथा' स्वप्न नहीं बल्कि 'फैंटेसी' में रची हुई कविता है, जिसकी रचना-प्रक्रिया पर मुक्तिबोध ने **एक साहित्यिक की डायरी** के अंतर्गत 'तीसरा क्षण' में विस्तार से लिखा है। बुनियादी भ्रम वहीं है जहां सियाह सागर को मनोविश्लेषण के 'उपचेतन' का प्रतीक मान लिया जाता है : जबकि कविता के अंतर्गत यह सियाह सागर एक गतिशील प्रतीक की तरह हर नये स्वप्न-चित्र में अपना रूप बदलता जाता है। इसीलिए इस कविता में मनोविश्लेषण-शास्त्र और रहस्यवाद देखना उतना ही गलत है जितना अस्तित्ववाद देखना। डॉ. शर्मा ने जिन क्रियाकलापों के आधार पर इस कविता में अस्तित्ववाद का निरूपण किया है, उससे लगता है कि उनकी दृष्टि में अस्तित्ववाद कोई निश्चित जीवन-दृष्टि ाहीं बल्कि भावजगत् के कुछ क्रियाकलापों की रूढ़ियों का सामूहिक नाम है। उन्हें जब मुक्तिबोध में दुनिया को लिजलिजी कहने, उसे देखकर उबकाई आने, सड़ने, कनखजूरे रेंगने आदि की क्रियाएँ नहीं मिलतीं तो वे कह उठते हैं कि मुक्तिबोध का अस्तित्ववाद सार्त्र की भावभूमि से अलग है। लेकिन इसके बाद जब 'चंबल की घाटी में' "खामोश सिसकियाँ भरनेवाला मन" दिखाई पड़ता है तो वे चट बोल पड़ते हैं कि यह कीर्केगार्द और काफ्का के प्रदेश में विचरण करनेवाला अस्तित्वाद है। इस प्रकार यदि ग्लानिकर सागर में गश खाना और टीले पर खामोश सिसकियाँ भरना ही अस्तित्ववाद है तो कहने

की आवश्यकता नहीं कि इस अस्तित्ववादी तंबू के नीचे दुनिया का बहुत सारा साहित्य आ जाएगा। दरअसल सवाल भावजगत् के उस ढाँचे का है जिसमें ये क्रियाकलाप एक निश्चित अस्तित्ववादी अर्थ ग्रहण करते हैं और तय है कि मुक्तिबोध की 'एक स्वप्न-कथा' कविता के भावजगत् का ढाँचा उनकी अन्य कविताओं की ही तरह अस्तित्ववादी ढाँचे से बाहर पड़ता है। यदि ऐसा न होता तो 'एक स्वप्न-कथा' में ये पंक्तियाँ न होतीं :

> मैं ही नहीं वरन्
> अन्य अनेक जन
> दु:खों के द्रोहपूर्ण
> शिखरों पर चढ़कर के
> देखते
> विराट् उन दृश्यों को !

अस्तित्ववादी अंतर्मुख अकेला व्यक्ति इस प्रकार 'अनेक जन' की बात सोच भी नहीं सकता– स्वप्न में भी नहीं।

मुक्तिबोध पर अस्तित्ववाद के प्रभाव के रूप में एक और बात कही गई है—अपराध-बोध या पाप-बोध। इस संदर्भ में यह भी कहा गया है कि आत्मभर्त्सना का ऐसा प्रखर स्वर हिंदी के किसी दूसरे कवि की रचनाओं में नहीं सुनाई देता। मुक्तिबोध की रचनाओं में आत्मभर्त्सना का स्वर असंदिग्ध है लेकिन इस आत्मभर्त्सना को स्वयं मुक्तिबोध की आत्मभर्त्सना कहना भारी भ्रम है। वस्तुत : मुक्तिबोध ने अपनी रचनाओं में 'मैं' के द्वारा अपने पूरे वर्ग मध्यवर्ग की आत्मभर्त्सना को अभिव्यक्त किया है। इसलिए इस अपराध-बोध को अस्तित्ववादी व्यक्ति की अपराध-स्वीकृति-समझना भूल है।

इसी प्रकार मुक्तिबोध की कविताओं में जहाँ कहीं काव्य-नायक अपनी दुर्बलता और असमर्थता स्वीकार करता दिखायी पड़ता है, वहाँ उसे स्वयं मुक्तिबोध के साथ चिपकाकर अस्तित्ववादी प्रभाव का प्रमाण पेश कर दिया गया है। उदाहरण के लिए 'अँधेरे में' कविता में काव्य-नायक का यह कथन कि "यह भी तो सही है कि कमज़ोरियों से ही लगाव है मुझको।" ऐसा लगता है कि मुक्तिबोध जैसे इस आशंका से पूर्ण परिचित थे। उन्होंने 'एक साहित्यिक की डायरी' में एक सच्चे लेखक को आलोचक से अलगाते हुए लिखा है कि "आलोचक साहित्य का दारोगा है।" माना कि दारोगापन बहुत बड़ा कर्तव्य है—साहित्य, संस्कृति, समाज, विश्व तथा ब्रह्मांड (वही 'ब्रह्मांड' जिससे डॉ. रामविलास शर्मा बहुत पीड़ित हैं– ना) के प्रति। लेकिन मुश्किल यह है कि वह जितना ऊँचा उत्तरदायित्व सिर पर ले लेता है, अपने को उतना ही महान अनुभव करता है। और सच्चा लेखक जितनी बड़ी जिम्मेवारी अपने सिर पर ले लेता है, स्वयं को उतना ही अधिक तुच्छ अनुभव करता है। उसे अपनी अक्षमता और आत्मसीमा का साक्षात् बोध होता

रहता है। ऐसा क्यों ? इसलिए कि वह अपनी अभिव्यक्ति की तुलना जी में धड़कनेवाले केवल वस्तु-सत्य से ही नहीं करता, वरन् अपनी स्वयं की साक्षात्कार-सामर्थ्य की तुलना उस वस्तु-सत्य की विशालता से करता है। आत्म-सत्य भी कह सकते हैं उसे, जिसकी धारणा के लिए उसे लगता है कि जितनी आवश्यक मनःशक्ति उसमें होनी चाहिए, उतनी नहीं है। कभी-कभी तो उसे केवल आभास-संवेदन से ही काम चला लेना पड़ता है। तब अपनी विषय-वस्तु की विशालता और गहराई की तुलना में लेखक अपने को हीन क्यों न अनुभव करे, जबकि वह खूब जानता है कि उसने जो कुछ वस्तुतः संपन्न किया है, उससे भी अच्छा किया जा सकता था। विषय-वस्तु के प्रति लेखक का यह संवेदनात्मक उत्तरदायित्व उसकी मनःशक्ति को किस तरह भंग किये रखता है, यह किसी सच्चे लेखक से ही जाना जा सकता है।'

इस कथन के बावजूद यदि कोई आलोचक कवि मुक्तिबोध की अक्षमता संबंधी आत्म-स्वीकृतियों की अस्तित्ववादी व्याख्या करता है, तो उसे साहित्य का दारोगा ही समझना चाहिए। इस वक्तव्य के आलोक में मुक्तिबोध की रचनाओं के उस 'मैं' की अक्षमताओं को भी समझा जा सकता है जो मध्यवर्ग का सबसे संवेदनशील और जाग्रत व्यक्ति है। जिसे अपने अभीष्ट सामाजिक उत्तरदायित्व की विशालता के सम्मुख आत्म-साक्षात्कार का पीड़ा भरा बोध भी तुच्छ लगता है। आत्मसंघर्ष इसी पीड़ा की उपज है और कहने की आवश्यकता नहीं कि मुक्तिबोध के साहित्य का यह आत्मसंघर्ष अस्तित्ववादी आत्मपीड़न से भिन्न ही नहीं, बल्कि उससे बहुत आगे बढ़कर मार्क्सवादी सिद्धांत और कर्म की सीमा में प्रवेश करता है। वे मार्क्सवाद के साथ रहस्यवाद के समन्वय का प्रयत्न नहीं करते बल्कि मार्क्सवादी जीवन-दृष्टि के द्वारा इन दोनों की सीमाओं का अतिक्रमण करते हैं। यदि मुक्तिबोध की किसी कविता का 'मैं' कभी मन की गुहा में पैठता है, कभी अकेलेपन की निराशा में डूबता है और कभी जन-क्रांति के स्वप्न में डूबकर मुक्ति का अनुभव करता है तो इसका यह मतलब नहीं कि मुक्तिबोध रहस्यवाद और अस्तित्ववाद के साथ मार्क्सवाद के समन्वय का प्रयत्न करते हैं। सवाल पूरी कविता के कथ्य के ढाँचे में इन स्थितियों के नियोजन का है और काव्यबोध की समग्रता का तकाजा है कि इन स्थितियों का मूल्यांकन खंडशः अलग-अलग वाद के रूप में करने के बजाय उन्हें एक अखंड काव्य-कथ्य के अंग के रूप में देखा जाए। इस दृष्टि से देखने पर जाहिर है कि मुक्तिबोध की रहस्यात्मक-से-रहस्यात्मक कविता भी रहस्यवादी नहीं है और वैयक्तिक निराशा के गहरे-से-गहरे अंधकार में डूबी हुई कविता भी अस्तित्ववादी नहीं है। मुक्तिबोध की 'संकल्पधर्मा चेतना का रक्त-प्लावित स्वर' सारे कुहासे, अनिश्चय, संशय, एकाकीपन, बेचैनी, अपराध-बोध, स्वप्न-दृष्टि, आशा, आकांक्षा, दुर्बलता, दृढ़ता आदि अनेक मनःस्थितियों को अपने ताप में पिघलाकर एक वैज्ञानिक विश्वदृष्टि और मानव-आस्था में ढाल देता है।

मुक्तिबोध के काव्य-कथ्य के इस **सामान्य** ढाँचे को स्पष्ट करने के बाद 'अँधेरे में' कविता के **विशिष्ट** कथ्य पर कहने के लिए बहुत कम बचा रहता है। फिर भी 'कविता के नए प्रतिमान' के अंतर्गत प्रकाशित 'अँधेरे में' की व्याख्या पर इधर कुछ आपत्तियाँ की गयी हैं, इसलिए इन आपत्तियों की रोशनी में उस कविता पर संक्षेप में पुनर्विचार कर लेना आवश्यक है।

आपत्ति का असली मुद्दा है 'अस्मिता की खोज'। एक व्याख्या के अनुसार "कवि ने यहाँ आत्मनिर्वासित होकर अस्मिता की खोज नहीं की, बल्कि आत्मसंघर्षरत रहकर अस्मिता का विकास किया है।" आपत्ति यहाँ **आत्म-निर्वासित** पर भी है किंतु मुख्य आपत्ति **खोज** पर प्रतीत होती है, स्वयं **अस्मिता** पर नहीं। एक दूसरे व्याख्याकार को **अस्मिता** पर ही इतना गुस्सा है कि उसकी दृष्टि में, "मुक्तिबोध की कविताओं में अस्मिता की खोज करना, साहित्य और आलोचना दोनों की अस्मत उतारने का पर्याय बनकर रह जाता है।" **अस्मिता** शब्द से भड़कने का एक कारण तो यह है कि "मुक्तिबोध आत्मनिर्वासन से ग्रस्त व्यक्ति नहीं हैं।" लेकिन सवाल यह है कि मुक्तिबोध को आत्मनिर्वासन से ग्रस्त व्यक्ति कहा किसने? मैने तो यह लिखा है कि 'अँधेरे में' का काव्य-नायक एक आत्मनिर्वासित व्यक्ति है। अब कोई यदि स्वयं मुक्तिबोध को ही काव्य-नायक समझता है तो उसकी समझ को किसका पर्याय कहा जाये? किसी कविता के काव्य-नायक 'मैं' को आत्मनिर्वासित कहने से यह अर्थ किस तरह निकलता है कि उसका कवि भी आत्मनिर्वासित है?

अस्मिता और इसके साथ ही **आत्मनिर्वासन** पर आपत्ति का दूसरा अकथित कारण यह प्रतीत होता है कि मुक्तिबोध के इन नये पक्षधरों की दृष्टि में ये दोनों शब्द गैर-मार्क्सवादी बुर्जुआ चिंतन के अंग हैं और इन्हें मुक्तिबोध–जैसे क्रांतिकारी कवि के संदर्भ में इस्तेमाल करने के अर्थ हैं मुक्तिबोध के क्रांतिकारी कथ्य को प्रतिक्रांतिकारी रूप देना। आशंका एकदम निराधार नहीं है क्योंकि 'अस्मिता के लोप' और 'आत्मनिर्वासन' की चर्चा अस्तित्ववादी विचारकों और लेखकों ने भी की है और उन्होंने इसे व्यक्तिवादी तथा आत्मपरक रंग दे डाला है। किंतु केवल इसी कारण इन अवधारणाओं को नितांत अस्तित्ववादी समझना भारी भ्रम है। 'अस्मिता के लोप' और 'आत्मनिर्वासन' की चर्चा **1848 की आर्थिक और दार्शनिक पांडुलिपि** के युवा मार्क्स ने ही नहीं बल्कि पूँजी के लेखक प्रौढ़ मार्क्स ने भी की है। मार्क्स ने निस्संदेह ये अवधारणाएँ हेगेल से ली थीं और हेगेल के द्वंद्ववाद की तरह ही उन्होंने इन अवधारणाओं को भी उनके भाववादी खोल से मुक्त कर भौतिकवादी अर्थ से युक्त करने का प्रयास किया। इस प्रसंग में मार्क्स ने जिन दो जर्मन शब्दों का प्रयोग किया है उनके अंग्रेजी प्रतिशब्द क्रमशः 'एलियनेशन' और 'री-इफिकेशन' हैं। इन शब्दों के साथ मार्क्स ने 'सेल्फ-एलियनेशन' और 'लॉस ऑफ सेल्फ' की भी चर्चा की है। 'एलियनेशन' और 'सेल्फ-एलियनेशन' के लिए हिंदी में

अभी तक किसी अधिक उपयुक्त शब्द के अभाव में 'अलगाव' और 'आत्मनिर्वासन' का प्रयोग किया जाता है। मार्क्स ने जिसे 'लॉस आफ सेल्फ' कहा है, वह अन्य विचारकों द्वारा प्रयुक्त 'लॉस ऑफ आइडेंटिटी' ही है जिसे हिंदी में 'अस्मिता का लोप' कहा जा सकता है। रहा 'री-इफ़िकेशन' उससे हिंदी के लेखक अभी कम परिचित मालूम होते हैं। कहीं-कहीं इसका हिंदी रूपांतर 'वस्तूकरण' के रूप में किया गया है, जिसका अर्थ है वस्तु में रूपांतरण। 'री-इफ़िकेशन' जिस लैटिन शब्द 'रेइस' से बना है उसका एक अर्थ संपत्ति भी होता है, इसलिए चाहें तो उसे संस्कृत 'रै' के सहारे हिंदी में 'रैकरण' भी कह सकते हैं।

बहरहाल मार्क्स की दृष्टि में **अलगाव** और **रैकरण** पूँजीवादी व्यवस्था के सबसे बड़े अभिशाप हैं। इसमें मजदूर अपनी उपज से ही अलग नहीं होता, बल्कि अपने-आपसे भी अलग हो जाता है और वह इस प्रक्रिया में मानव-स्वत्व के साथ ही मानव-संभावनाओं से वंचित रह जाता है। मार्क्स के अनुसार इस अलगाव से समाज का कोई वर्ग अछूता नहीं रहता– यहाँ तक कि स्वयं पूँजीपति भी इसका शिकार होता है और वह भी अपनी मानवीयता खोकर एक जड़ धन-पशु में बदल जाता है। किंतु इसका सबसे अमानुषिक प्रभाव मजदूर पर पड़ता है। खोने की इस प्रक्रिया में वह इस हद तक 'सर्वहारा' हो जाता है कि अंततः उसके पास खोने के लिए कुछ नहीं बचता– सिवा अपनी हथकड़ियों और बेड़ियों के।

इस 'अलगाव' की प्रक्रिया से मुक्त होने का उपाय, मार्क्स की दृष्टि में, 'वर्ग-चेतना' है; क्योंकि वर्ग-चेतना के लोप से ही मजदूर वर्ग 'अलगाव' का अनुभव करता है, जिसका दूसरा नाम 'मिथ्या चेतना' है। मोटे तौर से इस 'वर्ग-चेतना' के लिए चार बातें आवश्यक हैं : 1. व्यक्ति-विशेष के द्वारा वर्ग की सदस्यता का बोध : 2. व्यक्ति अपने-आपको जिस वर्ग का सदस्य समझता है, उस वर्ग के तात्कालिक हितों का बोध : 3. वर्ग के हितों को आगे बढ़ाने का संकल्प : 4. वर्ग के तात्कालिक हितों से आगे बढ़कर उसके सार्वभौम हितों के लिए आवश्यक साधनों की पहचान। वस्तुतः ये चारों बातें वर्ग-चेतना के चार स्तर हैं और कहने की आवश्यकता नहीं कि ये सभी स्तर परस्पर संबद्ध हैं। मार्क्सवादी दृष्टि से मजदूर को तब तक वर्ग-चेतन नहीं कहा जा सकता जब तक वह यह न समझ ले कि पूँजीवाद की समाप्ति में ही उसके वर्ग का वास्तविक हित है। इस बोध के अभाव में मजदूर मिथ्या चेतना का शिकार माना जाता है। इसी प्रकार मध्यवर्गीय व्यक्ति की वर्ग चेतना केवल इतने ही तक सीमित नहीं है कि वह अपने-आपको मध्यवर्ग का सदस्य मानकर उस वर्ग के तात्कालिक हितों के लिए संघर्ष करें : बल्कि उसकी सच्ची वर्ग-चेतना इस बात में है कि वह मजदूर वर्ग के हितों की रक्षा में ही अंततः अपने हितों की रक्षा महसूस करे और इसके लिए पूँजीवाद के विनाश में मजदूर वर्ग का साथ दे। इस चेतना का अभाव मध्यवर्गीय व्यक्ति के लिए मिथ्या चेतना है। 'अस्मिता का लोप' इस मिथ्या

चेतना का ही दूसरा नाम है और इसके विपरीत वर्ग-चेतना को 'अस्मिता की खोज' कहा जा सकता है।

मुक्तिबोध की कविता 'अँधेरे में' के प्रसंग के जब मैंने **अस्मिता के लोप** की चर्चा की थी तो पृष्ठभूमि में यही मार्क्सवादी धारणा थी। पहले इसकी व्याख्या नहीं की तो यह सोचकर कि मार्क्सवाद की अति सामान्य धारणा व्यापक पैमाने पर परिचित होगी। सावधानी के लिए उस समय केवल इतना ही संकेत करना काफी समझा गया था कि इसे किसी आध्यात्मिक-रहस्यवादी अर्थ में न लिया जाए; लगता है कि यहाँ 'व्यक्तिवादी-अस्तित्ववादी' शब्द और जोड़ देने चाहिए थे।

प्रश्न यह है कि **अस्मिता की खोज** मुक्तिबोध की 'अँधेरे में' कविता का मूल कथ्य है या नहीं? स्वयं मुक्तिबोध ने कविता में 'अस्मिता' शब्द का प्रयोग नहीं किया है, यह सही है। उनका अपना शब्द है **अभिव्यक्ति**। मुक्तिबोध ने स्पष्ट लिखा है कि वह अभिव्यक्ति **खोई हुई है** और इसके साथ ही **खोजता हूँ** क्रिया के प्रयोग के द्वारा उन्होंने उसकी **खोज** का भी स्पष्ट निर्देश किया है। 'अँधेरे में' कविता के अंतर्गत यह 'अभिव्यक्ति' केवल शब्दाभिव्यक्ति नहीं है। पागल के आत्मोद्‌बोधमय गीत के बाद जब काव्य-नायक कहता है कि :

व्यक्तित्व अपना ही, अपने से खोया हुआ
वही अकस्मात् उसे मिलता था रात में।

तो स्पष्ट ही इस प्रसंग में 'व्यक्तित्व' ही अभिव्यक्त है। इसी प्रकार जब "गुहावासी फटेहाल रक्तालोक-स्नात पुरुष" के संदर्भ में अभिव्यक्ति शब्द का प्रयोग किया जाता है तो वह व्यक्तित्व का अभीष्ट आदर्श रूप प्रतीत होती है। मुक्तिबोध के शब्दों में यह केवल अभिव्यक्ति नहीं बल्कि 'परम अभिव्यक्ति' है—"अनखोजी निज समृद्धि का वह परम उत्कर्ष!" दूसरे शब्दों में यह "निज संभावनाओं, निहित प्रभावों, प्रतिमाओं की पूर्ण अवस्था" है और इस प्रकार "मेरे परिपूर्ण का आविर्भाव" है। गांधी जी से प्राप्त शिशु जब काव्य-नायक के कंधे पर आकर जोर से चीख उठता है तो काव्य-नायक को फिर अभिव्यक्ति का एहसास होता है और वह प्रसन्न होकर मन-ही-मन कहता है कि "जिसको न मैं इस जीवन में कर पाया, वह कर रहा है।" इसी प्रकार "अनुभव रक्त में डूबे हुए संकल्प" की मणियों का साक्षात्कार भी एक तरह से आत्माभिव्यक्ति का ही आभास देता है। अंत में प्रायः उद्धृत की जानेवाली ये पंक्तियाँ :

अब अभिव्यक्ति के सारे खतरे
उठाने ही होंगे
तोड़ने होंगे ही मठ और गढ़ सब

यहाँ जिस अभिव्यक्ति के खतरे उठाने की बात की गई है, वह केवल शब्दों की अभिव्यक्ति ही नहीं बल्कि कर्म की भी अभिव्यक्ति है। पूर्वापर संदर्भ से स्पष्ट है कि यहाँ 'अभिव्यक्ति' से अभिप्राय कविता भी है और क्रांति भी, क्योंकि जिन मठों और गढ़ों के तोड़ने का संकल्प यहाँ किया गया है, वे केवल साहित्यिक मठ और गढ़ ही नहीं हैं। अभिव्यक्ति के इन रूपों के साथ यह भी उल्लेखनीय है कि अंततः यह अभिव्यक्ति काव्य-नायक के अपने व्यक्तिगत खयालों के दायरे से निकलकर क्रांति के लिए सन्नद्ध जन-यूथ में घुल-मिलकर उसके साथ एकाकार हो जाती है। इस प्रकार यह अभिव्यक्ति पूरी कविता पर आदि से अंत तक मंडराती रहती है और इसके साथ ही उसे खोजनेवाले काव्य-नायक की छटपटाहट भी।

फिर भी 'अँधेरे में' के व्याख्याकारों को यह अभिव्यक्ति दिखायी नहीं पड़ती तो इसलिए कि इसका स्पष्ट उल्लेख कविता के अंत में आता है—आरंभ में तो सबको पहले-पहल यह गुहावासी फटेहाल रक्तालोक-स्नात पुरुष ही दिखता है। जो हो, व्याख्या के लिए कविता का सूत्र कहीं से भी पकड़ा जा सकता है और शुरू से शुरू करने में कोई हर्ज नहीं है। लेकिन शुरू से शुरू करने के कारण जिस तरह कुछ लोग 'कौन मनु ?' के अनुसंधान में दूर- दूर के चक्कर लगाते दिखाई पडते हैं, उससे लगता है कि यह शुरुआत खतरे से खाली नहीं है। इस 'मनु' को खोजते हुए डॉ. रामविलास शर्मा का अतिरिक्त परंपरा-प्रेमी मस्तिष्क 'कामायनी' के मनु से जा टकराया और इस परंपरा से मुक्तिबोध को जोड़ने का ऐसा उत्साह उमड़ा कि मुक्तिबोध के इस 'मनु' की **विशिष्टता** दिखाना भी भूल गये। 'कामायनी' के मनु के नाक-नक्श और हिमगिरि के उत्तुंग शिखर की छाया 'अँधेरे में' देखकर डॉ. शर्मा अपनी खोज पर इतने विह्वल हो गए कि उन्हें आदि से अंत तक साम्य ही साम्य नजर आया : नजर नहीं आया तो यह मोटा अंतर कि कामायनी के मनु अंततः कैलास पर जाकर समरस की साधना में लीन हो जाते हैं जबकि 'अँधेरे में' का मनु जगत की गलियों में घूमता है प्रतिपल, वही फटेहाल रुप !

सारा गुनाह दरअसल इस 'मनु' शब्द का है। यदि मुक्तिबोध का 'मनु' सामान्य मनुज नहीं बल्कि 'कामायनी' का 'मनु' है तो तार सप्तक में संकलित प्रभाकर माचवे के एक सानेट की इस पंक्ति को लेकर भी पूछा जा सकता है कि "तुमने भी क्या कभी भूल से सोचा था कैसा है यह मनु ?" मुक्तिबोध ने 'कामायनी' पर एक आलोचनात्मक पुस्तक लिखी, इसका यह मतलब नहीं कि वे 'अँधेरे में' के रूप में एक दूसरी 'कामायनी' लिख रहे थे, जैसा कि श्री सुमित्रानंदन पंत ने 'लोकायतन' लिखकर अथवा दिनकर ने 'उर्वशी' लिखकर दिखा देना चाहा।

स्पष्ट है कि इस 'कौन मनु' के प्रश्न ने 'अँधेरे में' कविता के बारे में काफी भटकाया है। प्रीतिकर आश्चर्य का विषय है कि हिंदी की दुनिया से बाहर की पोलिश महिला

सुश्री अग्न्येश्का मुक्तिबोध की कहानियों के संदर्भ में इस 'कौन मनु ?' प्रश्न को उठाकर भी (और संभवत : पहली बार उन्होंने ही यह प्रश्न उठाया भी) बिना इधर-उधर भटके मुक्तिबोध के साहित्य के मूल कथ्य पर सीधे पहुँच गईं। जुलाई-सितंबर '1968 की आलोचना-6' में 'कहानीकार मुक्तिबोध—कौन मनु ?' शीर्षक निबंध का निष्कर्ष प्रस्तुत करते हुए सुश्री अग्न्येश्का लिखती हैं कि 'मुक्तिबोध' की 'संकल्प-धर्मा चेतना का रक्त-प्लावित स्वर' सन्नाटे के दायरे को तोड़ता हुआ, तेज बजता है—उदासीनता के विरुद्ध, अलगाव के विरुद्ध—मानवीयता की जलती पीड़ाओं से हमारे भीतरी अलगाव के विरुद्ध।"

प्रसंगवश सुश्री अग्न्येश्का ने कहानियों के साथ 'चंबल की घाटी में' और 'अँधेरे में' दोनों कविताओं का भी उल्लेख किया है जिनमें उक्त स्वर "सबसे संपूर्ण और सशक्त रूप से प्रकट हुआ है।"

इस प्रकार 'अँधेरे में' कविता का मूल कथ्य हर तरह के **अलगाव के विरुद्ध** है—'अस्मिता की खोज' इसी अलगाव-विरोध का दूसरा नाम है। इस कथ्य की खोज यदि 'कौन मनु ?' के रूप में की जाए तो यह ध्यान रहे कि उस 'मनु' के अंतर्गत 'रक्त-लोक स्नात पुरुष' के साथ ही कविता का 'मैं' भी शामिल है। मनु के इन दोनों पक्षों का अलगाव, तनाव और साक्षात्कार ही 'अँधेरे में' कविता के कथ्य का मूलाधार है। स्वप्नगत मृत-दल की शोभा यात्रा, सैनिक शासन, क्रांति-स्वप्न आदि इस कथ्य की अर्थवत्ता को उजागर करनेवाले वस्तुगत पर्यावरण हैं, जिनका महत्व किसी भी प्रकार कम नहीं आँका जा सकता। जैसा कि मुक्तिबोध ने 'एक साहित्यिक की डायरी' में अपनी एक काव्य कथा (संभवत : 'इस चौड़े ऊँचे टीले पर') की व्याख्या करते हुए लिखा है,' 'निस्संदेह उसमें कथा का केवल आभास है, नाटकीयता की केवल मरीचिका है; वह विशुद्ध आत्मगत काव्य है।" उस कविता में भी जैसे स्वप्न के भीतर स्वप्न आते हैं–उलट-पुलट होकर और सिलसिला टूट जाता है। एक हद तक यह बात 'अँधेरे में' पर भी लागू होती है। इसलिए इस कविता के परिवेश और विन्यासगत ब्यौरे की उलझन को पार करके ही मूल कथ्य का निर्धारण करना समीचीन है; और मुझे अब भी ऐसा नहीं लगता कि 'अँधेरे में' कविता को 'परम अभिव्यक्ति की खोज' कहकर मैंने कोई गलती की और दूसरे शब्दों में उसी को 'अस्मिता की खोज' द्वारा स्पष्ट करके मैंने साहित्य और आलोचना की अस्मत उतारने का प्रयास किया!

अंतिम सवाल यह कि 'अँधेरे में' की समीक्षा 'कविता के नए प्रतिमान' के अंतर्गत परिशिष्ट में क्यों ? परिशिष्ट में रखा जाना कुछ लोगों की दृष्टि में इस कविता की उपेक्षा और मुक्तिबोध का अपमान है; और कुछ लोगों को 'अँधेरे में' कविता की समीक्षा तथा कविता के नए प्रतिमानों के बीच संगति पर ही संदेह है। परिशिष्ट सम्मान का स्थान है या अपमान का, यह मत-अभिमत का विषय है, फिर भी इस प्रसंग में इतना ही कहना

पर्याप्त है कि काव्य-सिद्धांतों के विवेचन-क्रम में एक बार अन्य लंबी कविताओं के साथ 'अँधेरे में' पर विचार करने के बावजूद उसे और केवल उसे ही अलग से समीक्षा के लिए चुना गया तो उसका कुछ अर्थ होता है। जहाँ तक कविता के नये प्रतिमानों के साथ 'अँधेरे में' की संगति दिखाने का प्रश्न है, मैं खामोश रह जाने का दोषी हूँ, जिसका परिहार आज आवश्यक प्रतीत हो रहा है।

कविता के 'नए प्रतिमान' की मुख्य स्थापना मेरी दृष्टि में यह है कि कविता के प्रतिमान को व्यापकता प्रदान करने की दृष्टि से **आत्मपरक** नई कविता की दुनिया से बाहर निकलकर उन कविताओं को भी विचार की सीमा में ले आना आवश्यक है, जिन्हें किसी अन्य उपयुक्त शब्द के अभाव में सामान्यतः **लंबी कविता** कहा जाता है। 'काव्य-संरचना प्रगीतात्मक और नाटकीय' शीर्षक अध्याय के अंतर्गत इस समस्या पर विचार करते हुए लिखा है कि "प्रगीत कविता कविता का पर्याय हो गई है और प्रगीत का प्रतिमान कविता का प्रतिमान हो गया है। परिणामस्वरुप जो लंबी कविताएँ इस दायरे में नहीं आतीं, अपने-आप तिरस्कृत हो गईं। इसका दंड सबसे अधिक मुक्तिबोध को भुगतना पड़ा।" इस प्रकार मुक्तिबोध की लंबी कविताओं को ध्यान में रखने के कारण ही मुझे कविता के नये प्रतिमान की आवश्यकता महसूस हुई। इस प्रसंग में मैंने मुक्तिबोध की' **एक साहित्यिक की डायरी**' से यह विवरण लेकर यह दिखाना चाहा है कि स्वयं कवि मुक्तिबोध भी कविता के मूल्यांकन के लिए नये प्रतिमानों की आवश्यकता का अनुभव कर रहे थे। मुक्तिबोध का उद्धरण इस प्रकार है : "मुझे गहरा संदेह है कि आजकल की सौंदर्य-परिभाषा (यदि उसे व्याख्या कहें तो) केवल कविता, और वह भी **आत्मपरक कविता** की विशेषताओं के आधार पर बनाई जा रही है। सौंदर्य-संबंधी इन व्याख्याओं का प्रकट या अप्रत्यक्ष उद्देश्य आज की काव्य-दृष्टि का 'डिफेंस है'।. . . किंतु ये व्याख्याएँ कुछ इस प्रकार से, कुछ इस ठाट से और इस शान से बनाई जाती है मानो वे सार्वभौम सत्य की सार्वकालिक स्थापनाएँ हों।. . . अगर सहित्य की सौंदर्य-मीमांसा करनी हो तो आपको दृष्टि केवल **आत्मपरक कविता** वह भी आजकल की कविता तक ही सीमित नहीं करनी चाहिए।" इस प्रसंग में स्वभावतः मुक्तिबोध ने अपनी लंबी कविताओं का जिक्र नहीं किया, किंतु प्रसंग से स्पष्ट है कि वे नयी कविता के अंतर्गत लिखी जानेवाली आत्मपरक कविता तथा उस पर निर्मित सौंदर्यशास्त्र से असंतुष्ट थे और इस सीमित दायरे से बाहर निकलकर काव्य के प्रतिमान निर्मित करने की आवश्यकता महसूस कर रहे थे।

दरअसल आत्मपरक प्रगीत बनाम वस्तुपरक लंबी कविता के इस संघर्ष के मूल में केवल काव्य-रूपों के वरण की समस्या नहीं है, बल्कि इसका संबंध पूरी कविता की बनावट संबंधी दो भिन्न-दृष्टियों से है जिनके अंतर्गत भावबोध से भाषा तक के सभी स्तर शामिल हैं। इस संदर्भ में मैंने यह दिखलाने का प्रयास किया है कि इधर नयी कविता के अंदर जो आत्मपरक छोटी या बड़ी कविताएँ लिखी गयी हैं, वे अपने रचयिताओं की

गैर-रोमांटिक घोषणाओं के बावजूद मूलतः रोमांटिक हैं और एक औसत रोमांटिक प्रगीत के समान ही इनमें भी वैयक्तिकता, आत्मपरकता, अनुभूतियों की जटिलता के अभाव के साथ ही बिंबमयता और एक खास काट की रोमांटिक काव्य-भाषा के प्रयोग प्राप्त होते हैं। इसीलिए इन कविताओं में वस्तुजगत् की समझदारी के स्थान पर केवल अनुभूति की ईमानदारी का आग्रह किया जाता है। इन कविताओं पर निर्मित काव्य-सिद्धांत की ऐकांगिता और अपर्याप्तता दिखाने के लिए ही मुझे वैयक्तिक और आत्मपरक छायावादी संस्कारों का विरोध करना पड़ा।

इसके विपरीत मुक्तिबोध की लंबी कविताओं के रूप में मैंने काव्य के उन मूल्यों पर बल दिया, जो अपनी दृष्टि में सामाजिक और वस्तुपरक हैं और आज के ज्वलंत एवं जटिल यथार्थ को अधिक-से-अधिक समेटने के प्रयास में कविता को व्यापक रूप में नाट्य-विन्यास प्रदान कर रहे हैं और इस तरह तथाकथित बिंबवादी काव्य-भाषा के दायरे को तोड़कर सपाटबयानी आदि अन्य क्षेत्रों में कदम रखने का साहस दिखा रहे हैं। आत्मसंघर्ष से उत्पन्न तनाव, जटिलता, विसंगति, विडंबना आदि काव्य-मूल्यों की स्वीकृति इस काव्य-सिद्धांत के अंतर्गत स्वतः स्थान पा जाते हैं। इस काव्य-सिद्धांत का ढाँचा खड़ा करते समय निश्चय ही मेरे सामने प्रधानतः मुक्तिबोध की वे कविताएँ रही हैं जिनके बारे में कवि ने कुछ खीजते-से स्वर में एक जगह कहा है कि :

मेरी ये कविताएँ
भयानक हिडिंबा हैं
वास्तव की विस्फारित प्रतिमाएँ
विकृताकृति-बिंबा हैं।

इसके साथ ही मेरे ध्यान में मुक्तिबोध का कविता-संबंधी यह वक्तव्य भी है कि "आज तो पोस्टर ही कविता है।" और फिर यह कथन भी कि "नहीं होती, कहीं भी खतम कविता नहीं होती।" मुक्तिबोध वस्तुतः 'कल होनेवाली घटनाओं की कविता' ही नहीं लिख रहे थे बल्कि उस कविता के भावी काव्य-सिद्धांत के सूत्र भी फेंक रहे थे। मुझे नहीं मालूम कि 'कविता के नए प्रतिमान' में ये बातें कितनी उभर सकी हैं। यह विडंबना अवश्य देखता हूँ कि जिस व्यक्तिपरक-आत्मपरक काव्य-सिद्धांत का खंडन 'कविता के नये प्रतिमान' में आद्यंत अनुस्यूत है उसी का मुझे समर्थक बताया जाता है। इसे दृष्टिदोष कहने की अपेक्षा अपनी वाणी की दीनता चीन्हकर चुप रह जाना ही श्रेयस्कर है।

कविता के इस प्रतिमान के संदर्भ में 'अँधेरे में' की समीक्षा की यही संगति है कि यह कविता मुक्तिबोध की 'परम अभिव्यक्ति ' के साथ ही उत्तम मूल्यों की मूर्तिमान काव्य-प्रतिमा है। इस कविता के अंतर्गत मुक्तिबोध ने प्रसंगत : कविता-संबंधी अपनी आकांक्षा का भी संकेत दे दिया है। जब वे कहते हैं कि "अरे, इन रंगीन पत्थर-फूलों से

मेरा काम न चलेगा" तो वे स्पष्टतः उस आत्मपरक जड़ीभूत सौंदर्याभिरुचि को तिरस्कृत कर रहे हैं जिसमें "काव्य-चमत्कार उतना ही रंगीन, परंतु ठंडा" है। इसके बदले वे कविता के अंदर "मस्तक कुंड में जलती, सत्-चित्-वेदना, सचाई व गलती—मस्तक-शिराओं में तनाव दिन-रात" को लाने का हौसला रखते हैं और इसके लिए अभिव्यक्ति के सारे खतरे उठाने का भी संकल्प करते हैं।

यहाँ 'अँधेरे में' कविता में व्यक्त उस रोमांटिक आशा से भरे स्वप्न को अनदेखा करना समीचीन न होगा, जिसके लिए कुछ लोगों ने मुक्तिबोध पर रोमांटिक होने का आरोप लगाया है। इस विषय में अपनी बात कहने से पहले स्वयं मुक्तिबोध का मत उद्धृत करना अधिक संगत है। **एक साहित्यिक की डायरी** के अंतिम अध्याय में अंग्रेजी के कवि शेले की रोमांटिक दृष्टि का समर्थन करते हुए मुक्तिबोध कहते हैं कि दृष्टि "रोमांटिक होने मात्र से भावना का ज्ञानात्मक आधार कमज़ोर नहीं होता। ज्ञानात्मक आधार कमज़ोर तब होता है जब कवि समाज को प्राप्त अद्यतन ज्ञान की उपेक्षा कर अद्यतन ज्ञान द्वारा संप्रेरित भावनाओं से दूर हटकर केवल अपने ऐकांतिक निविड़ लोक में ही विचरण करता है। ज्ञान का अर्थ केवल वैज्ञानिक उपलब्धियों का बोध ही नहीं है वरन् समाज की उत्थानशील तथा ह्रासोन्मुख शक्तियों का बोध भी है। शेले के काव्य का सौंदर्य उस मनोभूमिका से उत्पन्न हुआ है, जो अपने युग में विकासमान उत्थानशील प्रवृतियों से परिपक्व हुई है। शेले को ज्ञान ने स्वप्न दिया, स्वप्न ने भावना दी। उसका समस्त साहित्य इस मनोभूमिका से अनुरंजित है।"

इसके विपरीत रोमांटिक लेखकों और कवियों का एक और वर्ग भी है जिसमें, मुक्तिबोध के अनुसार, "छद्म भावनाएँ देखने को मिलेंगी।" मुक्तिबोध ने इस प्रसंग में स्पष्ट लिखा है कि "हिंदी के रोमैंटिक कवियों में ऐसी छद्म भावनाएँ बहुत देखने को मिलेंगी।" निश्चय ही **हिंदी के रोमांटिक कवियों** से मुक्तबोध की मुराद छायावाद के सभी कवियों से नहीं बल्कि, उन कवियों से है, जो या तो छद्म-छायावादी हैं या छद्य-भावनाओं के शिकार रोमांटिक हैं। 'कविता के नए प्रतिमान' के अंतर्गत ऐसे ही छद्म-छायावादियों और छद्म-भावनाओं के शिकार रोमांटिक कवियों का विरोध किया गया है—सभी रोमांटिक कवियों या रोमांटिक कविता-मात्र का नहीं।

कहने की आवश्यकता नहीं कि 'अँधेरे में' में जो रोमांटिक स्वप्न है, उसका आधार अपने युग में विकासमान उत्थानशील शक्तियों का बोध है। कविता के अंतिम भाग में यही उत्थानशील शक्तियाँ क्रांति के लिए सन्नद्ध दिखायी पड़ती हैं। इस स्वप्न का रंग उस दुःस्वप्न के कारण और भी निखर उठता है, जिसके मूल में ह्रासोन्मुख शक्तियों के 'मृत-दल की शोभा यात्रा' है। स्पष्टत : मुक्तिबोध के इस स्वप्न में शेले की-सी कुहरिलता नहीं है, क्योंकि उसमें समाज की उत्थानशील शक्तियों के अनुरूप ही भावना-तत्त्व

विचार-तत्त्व से समानतः दीप्त है। इसके बावजूद यदि किसी को यह स्वप्न कुहरिल दिखायी पड़े तो यही समझना चाहिए कि ह्रासोन्मुख शक्तियों के आतंक के कारण उसकी आँखें चौंधियाई हुई हैं और उसे उत्थानशील शक्तियों के उभार का पूरा-पूरा एहसास नहीं है। इस दृष्टि से मुक्तिबोध को रोमांटिक भी कहा जा सकता है किंतु यह रोमांटिकता गोर्की के शब्दों में **क्रांतिकारी रोमांटिकता** या **वीरत्व-व्यंजक रोमांटिकता** है।

कवि-व्यक्तित्व और कथानायक : संदर्भ 'अँधेरे में'

रामविलास शर्मा

मुक्तिबोध की कविता 'अँधेरे में' स्वाधीनता-आन्दोलन की पृष्ठभूमि में नयी कविता लिखने वाले को प्रस्तुत करती है। परम्पराबोध के कारण कवि में अपराधभावना उत्पन्न होती है। इस परम्परा के एक प्रतिनिधि महात्मा गाँधी हैं। उनके सामने कवि की स्थिति इस तरह की है :

> अँधेरे की स्याही में डूबे हुए देव को सम्मुख पाकर
> मैं अति दीन हो, जाता हूँ पास कि
> बिजली का झटका
> कहता है–"भाग जा, हट जा
> हम हैं गुज़र गये ज़माने के चेहरे
> आगे तू बढ़ जा।"
> किंतु मैं देखा किया उस मुख को।
> गम्भीर दृढ़ता की सलवटें वैसी ही,
> शब्दों में गुरुता।

यहाँ स्वाधीनता-आन्दोलन और महात्मा गाँधी के प्रति जो दृष्टिकोण अपनाया गया है, वह साही और नामवर सिंह के दृष्टिकोण से ठीक उल्टा है। यदि कहें कि इस कविता का नायक मुक्तिबोध का प्रतिनिधि नहीं है, तो मुक्तिबोध ने स्वयं अपनी ओर से गद्य में स्वाधीनता-आन्दोलन और महात्मा गाँधी के बारे में जो कुछ कहा है, उसे सुन लीजए :

''हजारों वर्षों में एकाधबार जो आदमी नज़र आते हैं, उनमें महात्मा गाँधी का नाम आता है। क्यों ? इसलिए कि उन्होंने राजनीतिक उद्देश्यों की पूर्ति के लिए विशुद्ध नैतिक अस्त्रों का सफलतापूर्वक प्रयोग किया...इस प्रचंड ब्रिटिश साम्राज्य को, जो सन् सैंतालीस के पहले दुनिया के सभी हिस्सों में था, महात्मा गाँधी ने ऐसी करारी चोट दी कि वह हिल गया. . .पहली बार, भारत के इतिहास में करोड़ों भूखे जनों को महत्त्व देने वाला,

इनका सगा बनने वाला एक व्यक्ति सम्मुख आया, जिसने उसी गरीब दबी कुचली जनता को नैतिक साहस प्रदान करके क्या का क्या बना दिया। उस नैतिकतापूर्ण जनशक्ति के आधार से ब्रिटिश साम्राज्य चूर-चूर हो गया।" (भारत : इतिहास और संस्कृति, (पृ. 143-147) । मानना होगा कि 'अँधेरे में' कविता राजनीतिक परम्परा का जो रूप प्रस्तुत करती है, वह मुक्तिबोध की अपनी राजनीतिक समझ के अनुरूप है।

'अँधेरे में' कविता का नायक तिलक को पिता कहकर सम्बोधित करता है। पिता की पाषाण मूर्ति पुत्र के निकम्मेपन से इतना दुखी होती है कि भव्य ललाट की नासिका में से खून बहने लगता है और लोकमान्य तिलक का अँगरखा खून के धब्बों से भर जाता है। कवि पाषाण-मूर्ति के.ठंडे पैरों को छाती से चिपका लेता है, रुआँसा हो जाता है और उसे लगता है कि उसके हृदय में रक्त टपक रहा है, आत्मा में खून का तालाब भर रहा है। अपनी उक्त गद्य पुस्तक में मुक्तिबोध तिलक के बारे में कहते हैं : "लोकमान्य बाल गंगाधर तिलक ने भारतीय जनता की उदासीन जड़ता हटाकर उसको वीर और साहसी बना दिया। तिलक एक महापंडित थे। पांडित्य के तेज में कार्य की शक्ति थी। कार्य की शक्ति में जनता में प्राण फूँक देने की ताकत थी। अंग्रेज़ उनकी लेखनी से थर्राये थे.. .उन पर राज्यद्रोह का मुकदमा चलाया गया। वह मुकदमा देशभर में गूँज उठा. . . उन्होंने भारतीय जनता को युद्ध (शस्त्रों से नही) का आह्वान किया था। उनकी मृत्यु सन् बीस में हुई। बम्बई के मजदूरों ने आम हड़ताल कर दी। सुदूर रूस में बैठे हुए लेनिन ने उसे देखा और कहा कि 'यह भविष्य का संकेत है।' (उप., पृ. 157) ऐसे व्यक्तित्व का स्मरण करके कवि का पिता-पिता कह उठना स्वाभाविक था।

'अँधेरे में' कविता में केवल राजनीतिक परम्परा का बोध नहीं है, साहित्य की परम्परा का बोध भी है। ऐसा न होता तो आश्चर्य की बात होती क्योंकि कविता का नायक मूलत : राजनीतिक कार्यकर्ता नहीं है, कवि है। (पृ.169)

व्यक्तित्व का रूपान्तरण

साहित्य और राजनीति की परम्परा का बोध, मार्क्सवाद के प्रति आकर्षण, श्रमिक-आंदोलन का समर्थन और मध्यवर्गीय लेखक के व्यक्तित्व के रूपान्तरण की समस्या—ये सब चीजें परस्पर सम्बद्ध हैं। जिस देवता के सम्मुख जाकर कवि अत्यंत दीन हो जाता है, वह महात्मा गाँधी हैं। वही उसे फटकारते हुए कहते हैं कि यह दुनिया कचरे का ढेर नहीं है जिस पर चढ़कर कोई भी मुर्गा बाँग दे तो मसीहा बन जाय। युगों-युगों से जनता जो दुख सहती आई है, जिसमें श्रमिक वर्ग का संतोष भी शामिल है :

> वह जल पीकर
> मेरे युवकों में होता जाता व्यक्तित्वान्तर।

'अँधेरे में' कविता की मूल समस्या यही है—मध्यवर्ग का बुद्धिजीवी सर्वहारा वर्ग से तादात्म्य कैसे स्थापित करे। मुक्तिबोध इस प्रक्रिया को एक रूपक द्वारा प्रस्तुत करते हैं। एक बलवान लुहार ने बहुत से कंडे जलाकर उस पर लोहे का चक्का रखा। कुछ अन्य बलवान लोग लकड़ी के चक्के पर 'जबरन' घन मार-मार कर लाल-लाल लोहे की गोल पट्टी चढ़ाते हैं :

उसी प्रकार अब
आत्मा के चक्के पर चढ़ाया जा रहा
संकल्प शक्ति के लोहे का मज़बूत
ज्वलन्त टायर ! !

लुहार श्रमिक वर्ग का प्रतीक है। वह घन चोट से जबरन मध्यवर्गीय बुद्धिजीवी के व्यक्तित्व पर संकल्प का टायर चढ़ाता है। इसी के अनुरूप परम्परा का बोध, कवि का विवेक, उसे आत्मालोचन के लिए विवश करता है। तिलक की मूर्ति के पैरों से चिपके हुए कवि की आत्मा में जब खून का तालाब भर जाता है, तब उसके व्यक्तित्व को नये सिरे से गढ़ने की प्रक्रिया भी आरम्भ होती है :

इतने में छाती में भीतर ठक-ठक
सिर में है धड़धड़ ! ! कट रही हड्डी ! !
फ़िक्र जबर्दस्त ! !
विवेक चलाता तीखा सा रंदा
चल रहा बसूला
छीले जा रहा मेरा यह निजत्व ही कोई।

ऐसा नहीं है कि वह अपना निजत्व कहीं छोड़ आये हैं और अब उसे पाने के लिए बेचैन हैं। निजत्व उन्हीं के पास हैं, समस्या है उसको बदलने की। और यह प्रक्रिया अत्यंत कष्टप्रद है। 'तार सप्तक' के दूसरे संस्करण के लिए उन्होंने जो कविता भेजी, उसका शीर्षक है 'एक आत्म वक्तव्य'। इसमें उन्होंने 'अँधेरे में' कविता के प्रतीकों द्वारा स्वयं अपने व्यक्तित्व-परिवर्तन की बात कही है :

नये नये रंदों और बसूलों से
लगातार लगातार
मेरी काट छाँट
उनकी छील छाल अनिवार।

दोनों कविताओं में व्यक्तित्व के परिवर्तन की, उसके नवनिर्माण की बात कही गयी है। कविता के शीर्षक के अलावा मुक्तिबोध ने अपने वक्तव्य में सीधे-सीधे अपने बारे में जो कुछ कहा है, उससे अपनी कविता का सम्बन्ध उन्होंने खुद जोड़ा है : "भाव प्रकृतियों के ख्याल से यह कविता मेरा प्राय: सर्वांगीण प्रतिनिधित्व करती है। जैसाकि शीर्षक से ही स्पष्ट है, वह मेरी इस टिप्पणी को और आगे बढ़ाती है और कदाचित् उसके बाद यह टिप्पणी भी अनावश्यक हो जाती है।" इसलिए किसी को इस बारे में दुविधा न होनी चाहिए कि मध्यवर्गीय बुद्धिजीवी का व्यक्तित्व-परिवर्तन मुक्तिबोध के लिए अत्यन्त महत्त्वपूर्ण समस्या है, यह उनकी अपनी समस्या भी है, यह समस्या 'एक आत्म वक्तव्य' में है, 'अँधेरे में' कविता में है। इस दूसरी कविता के नायक को मुक्तिबोध से अलग करके नहीं देखा जा सकता। किन्तु 'एक आत्म वक्तव्य' कविता उनका प्राय: सर्वांगीण प्रतिनिधित्व करती है, पूर्णत : नहीं। इस दृष्टि से 'अँधेरे में' कविता उनका प्रतिनिधित्व अधिक करती है। कारण यह कि व्यक्तित्व-परिवर्तन की प्रक्रिया के विरोध में मुक्तिबोध की ज़िद का चित्रण "एक आत्म वक्तव्य" में नही है किन्तु 'अँधेरे में' कविता में है।

भयानक ज़िद कोई जाग उठी मेरे भी अन्दर
हठ कोई बड़ा भारी उठ खड़ा हुआ है।

जिस समय विवेक रन्दा चलाता है और बसूले से उनका निजत्व छीला जाता है, उसी समय उनके मन में कोई भयानक ज़िद जाग उठती है। इस ज़िद की व्याख्या उन्होंने नहीं की पर स्पष्ट ही इसका सम्बन्ध निजत्व के छीले जाने से है। कवि मानो कहता है, तुम छील-छीलकर मेरा व्यक्तित्व ऐसा बदलोगे कि मेरा अपना कुछ रह ही न जाएगा, निजत्व ही नष्ट कर दोगे। इसीलिए क्रान्ति और दमन के चित्र खींचने के बाद, युवकों के व्यक्तित्वान्तर की बात कहने के बाद :

एकाएक फिर स्वप्न भंग
बिखर गये चित्र कि मैं फिर अकेला।

वह अकेले क्यों रह जाते हैं? इसलिए कि अपना वर्ग छोड़ना अपने पुराने व्याक्तत्व का नाश करने के समान है।

मुक्तिबोध की मुख्य समस्या है अपना वर्ग छोड़कर दूसरे वर्ग के साथ तादात्म्य स्थापित करना। पारिवारिक परिवेश से उनका अलगाव इस समस्या को और तीव्र बना देता है।

'अँधेरे में' कविता में जिस रहस्यमय व्यक्ति को मुक्तिबोध खोज रहे हैं, वह उनकी संभावनाओं, निहित प्रभावों, प्रतिमाओं की 'पूर्ण अवस्था' है, 'मेरे परिपूर्ण का आविर्भाव' है। रात का पक्षी उन्हें बताता है, 'वह तेरी पूर्णतम परम अभिव्यक्ति' है। इसीलिए कविता

के अंत में यह अभिव्यक्ति प्राप्त नहीं होती। यदि केवल सर्वहारा वर्ग से तदाकार होने का प्रश्न होता जो मज़दूरों के जुलूस और संघर्ष में साथ रहने पर वह प्रक्रिया पूरी हो जाती।

[मुक्तिबोध की मनोरचना ऐसी है कि उसमें विवेक और तर्कबुद्धि उनके भावों और संवेदनों से टकराती है। इसीलिए विवेक का रंदा चलता है, व्यक्तित्व छीला जाता है। भावों और संवेदनों का संसार उन्हें अत्यंत प्रिय है। ये भाव और संवेदन अधिकतर स्वतः :स्फूर्त और तर्क से परे जान पड़ते हैं।]

जैसे अवांछित मनोभाव दबाये जाने पर अवचेतन में छिपे रहते हैं, उसी तरह वांछित मनोभाव भी दमित होकर उसमें पड़े रहते हैं। दोनों प्रकार के दमन का कारण सभ्यता-सम्बन्धी मनुष्य की धारणाएँ हैं। जो सभ्यता के अनुकूल न हो, उसे व्यक्त न करना चाहिए, इस निषेध-भावना के कारण निषिद्ध भाव अवचेतन में ठेल दिये जाते हैं। जो भाव वांछित हैं किन्तु निषिद्ध हैं और अवचेतन में ठेले जाकर नष्ट नहीं हुए, उनका बहुत सजीव वर्णन 'अँधेरे में' कविता में किया गया है। भूमि की सतहों के बहुत-बहुत नीचे एक अँधियारी, एकान्त प्राकृत गुहा है। यह गुहा प्राकृत है क्योंकि उसका निर्माण मनुष्य ने सचेत रूप से नहीं किया। सभ्यता की सतहों से, चेतन मन के स्तर से, वह बहुत नीचे है। वह एकान्त और अँधियारी गुफा है क्योंकि चेतन मन उसे आसानी से नहीं देख सकता। उस खोह में एक प्रबल प्रपात है। इस प्रपात का जल प्राकृत है, आवेग-भरा है। अवचेतन में वह सहज भाव-राशि है जिसे सभ्यता द्वारा परिवर्तित नहीं किया गया। खोह के साँवले तल में मणि और रत्न बिखरे पड़े हैं। लहरों के तल से किरणें फूटती हैं, रत्नों के रंगीन रूपों की आभा में खोह की बेडौल भीतें झिलमिला उठती हैं। जब चेतन मन यह दृश्य देखता है तो आनन्द-विभोर हो उठता है। मनुष्य के अनुभव, वेदना, विवेक-निष्कर्ष, विचार, मणियों के रूप में :

> प्राण जल प्रपात में घुलते हैं प्रति पल
> अकेले में किरणों की गीली है हलचल
> गीली है हलचल!!

कवि को लगता है कि लोक-हित के लिए इन दमित भावों और विचारों का उपयोग हो सकता था।

आगे जब मज़दूरों का जुलूस दिखायी देता है, तब मज़दूरों की मुट्ठियों में वही मणियाँ, वही रत्न दिखायी देते हैं। कविता के नायक ने जिन भावों और विचारों का दमन किया था, वे मज़दूरों के पास भी हैं। वे मज़दूरों के अवचेतन में नहीं हैं। वे मज़दूरों के चेतन-मन में है और उनके जीवन को प्रेरित कर रहे हैं। मज़दूरों से भिन्न कविता के नायक की स्थिति यह है :

किन्तु मैं अकेला
बौद्धिक जुगाली में अपने से दुकेला।

कोई उसे पर्चा दे जाता है और उस पर्चे में उसे अपने ही गुप्त विचार, दबी हुई संवेदनाएँ अनुभव और पीड़ाएँ जगमगाती दिखायी देती हैं। कविता के अन्त में जिसे वह खोज रहा है, वह किसी जनयूथ में खो जाता है और कविता का नायक अकेला रह जाता है।

एक मानसिक रोग का नाम है सिज़ोफ्रेनिया। सिज़ोफ्रेनिया से ग्रस्त मनुष्य को लग सकता है कि लोग उसका पीछा कर रहे हैं, यही नहीं, उसे कई बार मार डाला गया है। (इस प्रकार की मृत्यु-कल्पना एक जगह वहाँ है जहाँ 'अँधेरे में' कविता के नायक को लगता है कि सिर में है धड़ धड़!! कट रही हड्डी!! और दूसरी बार जहाँ उसे स्टूल पर बिठाया जाता है और "शीश की हड्डी जा रही तोड़ी।" अन्य कविताओं में भी मृत्यु की कल्पना है जैसे 'एक भूतपूर्व विद्रोही का आत्मकथन' में-हम एक ढहे हुए मकान के नीचे दबे हैं। यहाँ कल्पना में मृत्यु नहीं हो जाती वरन् मृत्यु-प्रक्रिया का अनुभव होता है :

भयानक है बड़े-बड़े ढेरों की
पहाड़ियों नीचे दबे रहना और
महसूस करते जाना
पसली की टूटी हुई हड्डी।

सिज़ोफ्रेनिया से ग्रस्त व्यक्ति ईश्वर की या अपने शत्रुओं की आवाजें सुनता है "अथवा वह अनुभव करता है कि उसके शरीर के विभिन्न स्थानों में बिजली की किरणें प्रवेश कर रही हैं।" (कोलमैन, ऐबनौर्मल साइकौलोजी, पृ . 28।) (मुक्तिबोध की कविताओं में अचानक बिजली के झटके लगने का उल्लेख मिलता है, यथा 'अँधेरे में' कविता में– हृदय को देता है बिजली के झटके।) इसी रोग के अन्तर्गत विभाजित व्यक्तित्व का उल्लेख किया जाता है।

ऐसा व्यक्ति उत्तेजना के क्षणों में असामान्य व्यवहार करे तो आश्चर्य न होना चाहिए। मुक्तिबोध ने जीवन में जिस तरह की उत्तेजना का अनुभव किया था, वह असाधारण कोटि की थी।'अँधेरे में' कविता में जब वह कहते हैं :

मेरा सिर गरम है,
इसीलिए भरम है।
सपनों में चलता है आलोचन।
विचारों के चित्रों की अवलि में चिन्तन।

निजत्व माफ़ है बेचैन,
क्या करुँ, किससे कहूँ,
कहाँ जाऊँ, दिल्ली या उज्जैन?

यह किसी कल्पित कथा-नायक की स्थिति का चित्रण नहीं है। वर्णन में भाव-तीव्रता का कारण अपनी स्थिति का बोध है। जैसा कि नेमिचन्द्र जैन को लिखे हुए उनके पत्रों से ज्ञात होता है, वह सचमुच दिल्ली जाने की सोच रहे थे। आगे जब वह कहते हैं कि मैं किसी छायामूर्ति-सा स्वयं के समक्ष खड़ा हो गया, बहस होने लगी, और परस्पर तमाचे लगने लगे, तब इस आलोचन की व्यर्थता के बारे में कहते हैं :

छिः पागलपन है,
वृथा आलोचन है।

'अँधेरे में' कविता लिखने के समय उनकी जैसी स्थिति थी, उसका वर्णन हरिशंकर परसाई ने किया है। मुक्तिबोध की पुस्तक **भारत : इतिहास और संस्कृति** पर शासन ने प्रतिबंध लगा दिया था। "जबलपुर लौटे तो बहुत टूटे हुए और बहुत क्रोधित। वह आदमी चट्टान जैसा था। लेकिन इस घटना ने उसके भीतर भय और असुरक्षा की भावना पैदा कर दी थी। वे बेहद उत्तेजित थे. . .क़हते थे—यह नंगा फ़ासिज़्म है। लेखक को लोग घेरें, शारीरिक क्षति की धमकी दें। इधर सरकार सुनने तक को तैयार नहीं। अभिव्यक्ति की स्वतन्त्रता जा रही है। गला दबा कर आवाज घोंटी जा रही है।"(आलोचना, जुलाई-सितम्बर, 68) भय और असुरक्षा की भावना मुक्तिबोध में पहले से ही थी। बाद की परिस्थिति में वह और सघन हो गई। परसाई आगे क्रहते हैं: "अँधेरे में" कविता का यही रचनाकाल है। उन दिनों मुक्तिबोध बहुत आशंकाग्रस्त थे। छोटी से छोटी बात उन्हें विचलित कर देती थी। चाबी जिस जेब में रखी होने की उन्हें याद थी, अगर वह उस जेब में नहीं हो तो वे ऐसे संशकित हो उठते थे, जैसे कोई बड़ा षड्यन्त्र उन्हें घेर रहा है। उन दिनों वे बहुत उत्तेजित होकर घण्टों बहुत ज़ोर से बोलते रहते थे। गले की नसें तनी हुई साफ़ दिखती थीं। कनपटी लौकती थी, दम भर आता था और वे डबल स्ट्रौंग चाय की माँग करते थे।" मुक्तिबोध को 'अँधेरे में' कविता के नायक से अलग करके देखना असम्भव है। इस कविता में एक ओर वह निम्नवर्ग से अलग होकर सर्वहारा-वर्ग की संगति में व्यक्तित्व-रूपान्तरण की अपनी सामान्य समस्या का विवेचन करते हैं, दूसरी ओर वह अपने उत्तेजित त्रस्त मन की असामान्य अवस्था का चित्रण करते हैं।

रात के दो बजे जंगल में सियारों की आवाज़ सुनाई देती है, रेलगाड़ी के पहियों की आवाज़ गूँजती है, मन में किसी अनपेक्षित असम्भव घटना का सन्देह पैदा होता है, अचेतन प्रतीक्षा का जन्म होता है कि कहीं कोई रेल एक्सीडेन्ट न हो जाय। ऐसा त्रास विपरीत

सन्दर्भों में प्रकट होता है। शोषक व्यवस्था के अधिकारी कवि को अँधेरे में ले जाकर स्टूल पर बिठाते हैं। उसे लगता है कि सिर की हड्डी तोड़ी जा रही है। जब वह लोकमान्य तिलक की मूर्ति से चिपका हुआ आत्मालोचन करता है, तब भी उसे लगता है—सिर में है धड़-धड़ ! ! कट रही हड्डी ! ! यह हड्डी कटने की कल्पना किसी आन्तरिक सम्वेदन से उत्पन्न होती है। तिलक वाले प्रसंग में कहते हैं–

आत्मा में बहता-सा लगता
खून का तालाब।

कविता में आगे चलकर जब वह बहुत खुश दिखाई देते हैं और शिशु की पीठ थपथपाते हैं, तब उन्हें फिर लगता है :

डूबता हूँ मैं किसी भीतरी सोच में-
हृदय के थाले में रक्त का तालाब,
रक्त में डूबी हैं द्युतिमान मणियाँ।

इस दूसरे संदर्भ में रक्त का तालाब मणियों को छिपाये है। पहले संदर्भ में इन मणियों का उल्लेख नहीं है। किन्तु दोनों सन्दर्भों में खून के तालाब का बिम्ब अकारण नहीं है यद्यपि ऊपर से देखने में अबुद्धिसंगत लगता है।

काव्यनायक और मुक्तिबोध

मुक्तिबोध की कविताओं को उनके व्यक्तित्व से अलग रखकर देखना सम्भव नहीं है। उन जैसा आत्मकेंद्रित व्यक्ति स्वयं को कविताओं से अलग रख ही न सकता था। नामवरसिंह ने 'कविता के नये प्रतिमान' (दूसरा संस्करण) में मुक्तिबोध को उनकी कविताओं से अलग रखने पर बड़ा ज़ोर दिया है। उनका कहना है, मुक्तिबोध अपनी कविताओं में जहाँ 'मैं ' का प्रयोग करते हैं, वहाँ वह 'मैं' उनसे भिन्न, काव्य-नायक है। वह कविताओं का पाठक हो सकता है, लेखक नहीं। "निश्चय ही यह काव्य नायक मुक्तिबोध का प्रतिरूप नहीं है और न इसे मुक्तिबोध समझने का भ्रम ही होना चाहिए। यह कवि की कल्प-सृष्टि है—बल्कि कल्प-सृष्टियों में से एक, ठीक उसी तरह जैसे 'एक साहित्यिक की डायरी' का 'मैं' और 'क्लाड ईथरली', 'पक्षी और दीमक', 'विपात्र' आदि कहानियों का 'मैं'। (पृ . 248)। मुक्तिबोध की कविताओं में जो आत्मभर्त्सना का स्वर है, उसके बारे में कहा है, "इस आत्म-भर्त्सना को स्वयं मुक्तिबोध की आत्म-भर्त्सना कहना भारी भ्रम है। वस्तुत : मुक्तिबोध ने अपनी रचनाओं में 'मैं' के द्वारा अपने पूरे वर्ग मध्यवर्ग की आत्म-भर्त्सना को अभिव्यक्त किया है। '(पृ .297) नामवरसिंह के अनुसार 'अँधेरे में' का काव्य-नायक आत्म-निर्वासित व्यक्ति है और वह मुक्तिबोध से भिन्न है।

"अब कोई यदि स्वयं मुक्तिबोध को ही काव्य-नायक समझता है तो उसकी समझ को किसका पर्याय कहा जाय ? किसी कविता के काव्य-नायक– 'मैं' को आत्मनिर्वासित कहने से यह अर्थ किस तरह निकलता है कि उसका कवि भी आत्मनिर्वासित है ?" (पृ. 259-60) ।

मुक्तिबोध पर एक लेख 'आलोचना' में अग्न्येश्का सोनी ने लिखा था। इस लेख का महत्व यह है कि नामवरसिंह के अनुसार उसकी लेखिका 'कौन मनु ?' प्रश्न उठाकर भी "बिना इधर-उधर भटके मुक्तिबोध के साहित्य के मूल तथ्य पर सीधे पहुँच गयीं।" (पृ.263) ।' देखना चाहिए कि इस लेख में मुक्तिबोध को उनकी कविताओं और कहानियों के पात्रों से कहाँ तक जोड़ा गया है और कहाँ तक उन्हें अलग रखा गया है। लेखिका ने पहले उन कहानियों की चर्चा की है "जिन पर मुक्तिबोध के लेखक व्यक्तित्व की 'छाप' अपेक्षाकृत कम है, जो मानो किसी और से भी लिखी जा सकती थी, जो मुक्तिबोध की उलझी, गुम्फित भावनाओं का परिचय नहीं देतीं।" दूसरी तरह की कहानियाँ वे हैं "जिनका वस्तु-तत्त्व सीधे लेखक के जीवन-संघर्ष के क्षेत्र से लाया गया है। इन कहानियों के भावों और विचारों का मुक्तिबोध की डायरी से गहरा रिश्ता है, जगह-जगह पर—परोक्ष या प्रत्यक्ष रूप से—कविताओं से भी।" 'एक साहित्यिक की डायरी' यानी मुक्तिबोध की डायरी। चाहे डायरी लिखें चाहे कहानी; चाहे कविता, जहाँ मुक्तिबोधपन है, वहीं कला प्रभावशाली है, वहीं मुक्तिबोध की उलझी-गुम्फित भावनाएँ भी हैं। कहानियों में 'मैं' के प्रयोग के बारे में लेखिका आगे कहती हैं :

''और यह आकस्मिक नहीं है, इत्तिफाक की बात नहीं, कि इनमें जो सबसे अनोखी, सबसे साहसिक कृतियाँ हैं—उनका नायक 'उत्तम पुरुष' में ही बयान करता है। इस कथानायक के भाव और प्रतिक्रियाएँ प्रत्यक्ष रूप से स्वयं मुक्तिबोध की, कवि मुक्तिबोध की—हैं। कथानक (जो कि बाहरी चीज है) चाहे काल्पनिक ही हो।"

नामवरसिंह 'कविता के नये प्रतिमान' में जो कुछ कहते हैं, अग्न्येश्का सोनी ने 'आलोचना' में उससे ठीक उल्टी बात कही थी। उनके अनुसार कथानायक के भाव और प्रतिक्रियाएँ प्रत्यक्ष रूप से मुक्तिबोध की हैं, गद्य-लेखक मुक्तिबोध की ही नहीं, कवि मुक्तिबोध की भी।

व्यक्तित्व विभाजन और अस्मिता का लोप

नामवरसिंह के अनुसार 'अँधेरे में' कविता की अंतिम पंक्तियाँ "उस अस्मिता या आइडेन्टिटी की खोज की ओर संकेत करती हैं जो आधुनिक मानव की सब से ज्वलंत समस्या है।" (कविता के नये प्रतिमान, पृ. 235) कुछ लोगों का कहना है कि वर्तमान युग की सबसे ज्वलन्त समस्या पूँजीवादी शोषण खत्म करने की है। मज़दूर वर्ग के नेतृत्व में किसान और मध्यमवर्ग के लोग मिलकर जब तक शोषक वर्गों के हाथ से सत्ता छीनकर

वर्ग-उत्पीड़न का अन्त नहीं करते तब तक और कोई समस्या हल नहीं हो सकती। अस्मिता की खोज का अर्थ वर्ग-संघर्ष है, ऐसा प्रतीत नहीं होता। मुक्तिबोध की कविता में, नामवरसिंह के अनुसार, जिस वर्ग द्वारा अस्मिता की खोज की जा रही है, वह मध्यम वर्ग है। वह मानते हैं कि मुक्तिबोध ने अपनी रचनाओं में जिस अलगाव पर दृष्टि केन्द्रित की है, उसका 'प्रमुख आलम्बन निम्न मध्यवर्ग है।' (पृ .250)। इस तरह अस्मिता की खोज मज़दूरों द्वारा नहीं की जाती, बहुत-से-बहुत उनके संघर्ष की पृष्ठभूमि में इतर वर्ग का व्यक्ति अस्मिता की खोज करता है। मुक्तिबोध की कविताओं के संदर्भ में अस्मिता की खोज को आधुनिक मानव की सबसे ज्वलन्त समस्या बनाने का मतलब है, निम्न मध्यमवर्ग की समस्या को समाज की सबसे ज्वलन्त समस्या मानना। फिर यह निम्न मध्यमवर्ग व्यापक होकर समस्त मानवता को अपने भीतर समेट लेता है: "आज के व्यापक संदर्भ में जीने वाले व्यक्ति के माध्यम से मुक्तिबोध ने 'अँधेरे में' कविता में अस्मिता की खोज को नाटकीय रूप दिया है।" (पृ . 235-36)।

नामवरसिंह ने आत्म-निर्वासन को व्यक्तित्व-विभाजन से जोड़ा है। यह विभाजित व्यक्तित्व ऐसा है जैसा दोस्तोएव्सकी के 'अन्डर-ग्राउन्ड मैन' कथा में है, उसके नायक के समान 'अँधेरे में' कविता का नायक 'बाह्य परिस्थितियों से भय खाकर एक तिलस्मी खोह में निवास करता है।' (पृ. . 236)। दोस्तोएव्सकी का उल्लेख बड़ा सटीक है। मार्क्स जिस तरह के एलिएनेशन की बात कहते हैं, दोस्तोएव्सकी के पात्र उससे भिन्न प्रवृत्ति प्रदर्शित करते हैं। जो मज़दूर अपने जीवन और संघर्ष से अनुभव प्राप्त करके अपनी दमित सम्भावनाओं का विकास करते हैं , वे दोस्तोएव्सकी के पात्रों से भिन्न कोटि के प्राणी होते हैं। नामवरसिंह ने मार्क्स के एलिएनेशन का हवाला देने के बाद उनकी जगह स्थापित कर दिया व्यक्तित्व-विभाजन जो अर्धविक्षेप का एक लक्षण है। 'अँधेरे में' कविता के नायक के आत्म-निर्वासन के प्रमाण-स्वरूप वह ये पंक्तियाँ उद्धृत करते है :

> व्यक्तित्व अपना ही, अपने से खोया हुआ
> वही उसे अकस्मात् मिलता था रात में।

इसके आगे दो पंक्तियाँ और हैं .

> पागल था दिन में
> सिर- फिरा विक्षिप्त मस्तिष्क।

इसे सिर-फिरा विक्षिप्त मस्तिष्क ठीक कहा गया है। कविता का नायक इससे भिन्न व्यक्ति है यद्यपि दोनों में बहुत बड़ा अन्तर नहीं है। उस 'पागल' का गीत सुनकर काव्य-नायक का व्यक्तित्व लगभग उसी का सा हो जाता है :

> प्रत्यक्ष,

मैं खड़ा हो गया
किसी छाया मूर्ति-सा समक्ष स्वयं के
होने लगी बहस और
लगने लगे परस्पर तमाचे।
छिः पागलपन है,
वृथा आलोचन है।

अर्ध विक्षेप की प्रारम्भिक अवस्था में ऐसे क्षण आते हैं जब पीड़ित व्यक्ति को यह दिखाई देता है कि उसका व्यवहार असामान्य है। कविता के नायक की यही स्थिति है। जो 'पागल' अपना खोया हुआ व्यक्तित्व रात में पा जाता है, वह भीतर से पूरी तरह विभाजित हो चुका है। विभाजित व्यक्तित्व का लक्षण मानसिक असन्तुलन का सूचक है। विक्षेप की अनेक प्रक्रियाओं के समान यथार्थ से आत्म-रक्षा का यह भी एक रूप है।इससे भिन्न स्तर पर कविता का नायक वह सब होना चाहता है जो आदर्श रूप में उसने अपने बारे में कल्पित किया है।

मुक्तिबोध 'अँधेरे में' कविता लिखने के बहुत पहले से व्यक्तित्व-विभाजन की स्थिति से परिचित थे।

व्यक्तित्व-विभाजन मुक्तिबोध की अनेक कविताओं का विषय है। यह ऐसी स्थिति है जिससे उनका निकटतम सम्बन्ध है। व्यक्तित्व-विभाजन के कारण बतलाते हुए उन्होंने 'अन्तरात्मा और पक्षधरता' निबन्ध में लिखा है : 'कहा जाता है कि इस युग में व्यक्तित्व का विकेन्द्रीकरण होता है। सच्चाई यह है कि आत्म-विभाजन और व्यक्तित्व का विकेन्द्रीकरण, व्यक्तिमन पर परस्पर विरोधी स्वरूप के बाहरी दबावों का भी परिणाम होता है।' (नयी कविता का आत्मसंघर्ष, पृ. 119)।

अस्मिता और वर्गचेतना

अस्मिता अभिव्यक्ति भी है। मुक्तिबोध ने अभिव्यक्ति शब्द का प्रयोग किया वह अभिव्यक्ति खोई हुई है।'अँधेरे में' कविता का पागल अपना खोया हुआ व्यक्तित्व रात में पा जाता है : "तो स्पष्ट ही इस प्रसंग में 'व्यक्तित्व' ही अभिव्यक्ति है।" (पृ. 262)। आखिर व्यक्ति और अभिव्यक्ति में केवल इतना ही अन्तर है कि एक में अभिउपसर्ग लगा है, दूसरे में नहीं लगा। इसलिए व्यक्ति माने अभिव्यक्ति। आगे चलकर यह अभिव्यक्ति, व्यक्ति से अलग हटकर, अपने साधारण अर्थ में, जो है उसे प्रकट करने का अर्थ ग्रहण करती है। पर मुक्तिबोध की कविता में "वह केवल शब्दों की अभिव्यक्ति नहीं बल्कि कर्म की भी अभिव्यक्ति है।" (उप.)। अभिव्यक्ति (अस्मिता) के अब दो रूप हुए। जब शब्दों की अभिव्यक्ति होगी, तब उसका अर्थ होगा कविता, जब कर्म की

अभिव्यक्ति होगी, तब उसका अर्थ होगा क्रान्ति। प्रमाण यह है : "पूर्वापर संदर्भ से स्पष्ट है कि यहाँ अभिव्यक्ति से अभिप्राय कविता भी है और क्रान्ति भी।"(उप.)। इस कविता और क्रान्ति की विशेषता यह है कि वह जनता में जाकर घुलमिल जाती है :

"अन्ततः यह अभिव्यक्ति काव्य-नायक के अपने व्यक्तिगत खयालों के दायरे से निकल कर क्रान्ति के लिए सन्नद्ध जनयूथ में घुलमिलकर उसके साथ एकाकार हो जाती है।'(उप.) यानी अभिव्यक्ति जो क्रान्ति है, वह क्रान्ति में विलीन हो जाती है।और अभिव्यक्ति जो कविता है, वह कविता पर मँडराती रहती है– "इस प्रकार यह अभिव्यक्ति पूरी कविता पर आदि से अन्त तक मँडराती रहती है और इसके साथ ही उसे खोजने वाले काव्य-नायक की छटपटाहट भी।" (उप.)। क्रान्ति और कविता में फर्क यह है कि क्रान्ति तो क्रान्ति में लीन हो जाती है, किन्तु कविता कविता में लीन नहीं होती, उस पर मँडराती रहती है। सबसे बड़ा चमत्कार यह है कि काव्य-नायक छटपटाता ही रह जाता है, उसके पल्ले न क्रान्ति पड़ी, न कविता।

अस्मिता भी खूब है। पूरी बहुरूपिया है। कब कौन-सा रूप धरेगी, कोई नहीं कह सकता।कहीं क्रान्ति है, कहीं कविता है, कहीं व्यक्तित्व है, और काव्य-नायक को खूब ही छकाती है। इसलिए वह आधुनिक मानव की सबसे ज्वलन्त समस्या है।

जनक्रान्ति का स्वरूप

जिस क्रान्ति में क्रान्ति विलीन होती है, वह क्रान्ति किस प्रकार की है। मुक्तिबोध को समझने में लोग कैसी-कैसी गलतियाँ करते हैं, उन पर प्रकाश डालते हुए नामवरसिंह कहते हैं :"कोई मुक्तिबोध को एकदम सशस्त्र क्रान्ति का समर्थक घोषित कर रहा है तो किसी की राय में वे रहस्यवाद और अस्तित्ववाद के साथ मार्क्सवाद के समन्वय का असफल प्रयत्न करते हैं।'(पृ. 245)। 'चकमक की चिनगारियाँ' से आग भभकने के बारे में पंक्तियाँ उद्धृत करके कहते हैं कि "यह आग क्रान्ति है और ये पंक्तियाँ क्रान्ति का आह्वान। '(पृ. 247)। नामवरसिंह ने यह स्पष्ट नहीं किया कि यह किस तरह की क्रान्ति है, एकदम सशस्त्र या एकदम अशस्त्र, या दोनों के बीच की। आगे बतलाते हैं कि मुक्तिबोध की अधिकांश कविताओं का अंत "किसी हड़ताल या जन-आन्दोलन अथवा किसी जनक्रान्ति के आरम्भ से होता है।" (पृ. 251)। इस जनक्रान्ति शब्द का प्रयोग आगे भी होता है। मुक्तिबोध की कविता का 'मैं' कभी मन की गुहा में पैठता है, कभी अकेलेपन की निराशा में डूबता है और कभी "जनक्रान्ति के स्वप्न में डूबकर मुक्ति का अनुभव करता है।' (पृ. 259) इस जन क्रान्ति की कहीं कोई व्याख्या नहीं की गयी; किन्तु मुक्तिबोध की कविताओं में यह क्रान्ति सशस्त्र अवश्य है, भले ही 'एकदम सशस्त्र' न हो। 'अँधेरे में' कविता में जिस जनक्रान्ति का चित्रण वह करते हैं, उसमें बहुत बड़े अस्त्र-शस्त्र नहीं है, फिर भी :

मकानों के छत से
गाडर कूद पड़े धम से।
घूम उठे खम्भे
भयानक वेग से चल पड़े हवा में।
दादा का सोंटा भी करता है दाँवपेंच
नाचता है हवा में
गगन में नाच रही कक्का की लाठी।

यह किसी अहिंसक जन-आन्दोलन का चित्र नहीं है। मुक्तिबोध निम्न मध्यवर्ग को भले न छोड़ पाएँ, पर वह बहुत अच्छी तरह जानते हैं कि समाज का प्रमुख क्रान्तिकारी वर्ग सर्वहारा है। इसीलिए अँधेरे में कविता में बुद्धिजीवी युवक अपने आप व्यक्तित्व-परिवर्तन नहीं करते। यह काम करते हैं मजदूर। प्रतीक है साँवले रंग का एक बलवान लुहार। उसने कंडों की आग जलाकर लोहे का चक्का गरम किया है। उसके सहयोगी, 'कुछ बलवान जन साँवले मुख के', घन मार मारकर, लाल लोहे की पट्टी लकड़ी के चक्के पर 'जबरन' चढ़ाते हैं। इस प्रतीक का भाष्य यह है :

आत्मा के चक्के पर चढ़ाया जा रहा
संकल्प शक्ति के लोहे का मजबूत
ज्वलन्त टायर!!

वेदना की जिन नदियों में श्रमिक का सन्ताप डूबा है, उसका जल पीकर युवकों में व्यक्तित्वान्तर होता है। आत्मसंघर्ष इसलिए होता है कि मध्यवर्ग की भूमि छोड़ना कठिन है। इसका यह अर्थ नहीं है कि मुक्तिबोध के अनुसार क्रान्ति का नेतृत्व मध्यवर्ग के बुद्धिजीवी ही कर सकते हैं। इस तरह की स्थापनाएँ नामवरसिंह की अपनी हैं। मुक्तिबोध की कविताओं में बुद्धिजीवियों को क्रान्ति का पाठ पढ़ाने वाले दूसरी तरह के लोग विद्यमान हैं।

कला का विकास

मुक्तिबोध की काव्यकला क्रमशः विकसित हुई है। उनकी बाद की कविताओं में अपेक्षाकृत अधिक नाटकीयता है किन्तु वह मूलतः आत्मगत भावों, मनोदशाओं और निकटवर्ती परिवेश के चित्रकार हैं। नाटकीय कविताओं में सामान्यतः एक ही व्यक्ति बोलता है। दूसरे व्यक्तियों की बातचीत जहाँ तहाँ उसी एक वक्ता के माध्यम से प्रस्तुत

की जाती है। 'अँधेरे में' कविता में काव्यनायक आदि से अन्त तक बोलता है, उसका आदर्श प्रतिरूप एक बार भी नहीं बोलता। गांधीजी, या विभाजित व्यक्तित्व वाला पागल, जो कुछ कहते हैं, उसे पाठक काव्य-नायक के माध्यम से ही सुनता है। आसमानी आवाज़ों की तरह कहीं किसी पक्षी ने क्या कहा, वह सब वक्ता के माध्यम से पाठक सुनता है। यह कला मुक्तिबोध की कहानी-कला से मिलती-जुलती है। अधिकांश कहानियों में लेखक है और उसका एक मित्र है। दोनों की बातचीत कथा का मुख्य भाग होती है।

'अँधेरे में' कविता की यह विशेषता है कि उसका प्रवाह एक-सा नहीं है, उसमें बड़ी विविधता है। उसमें विभिन्न शैलियों, विभिन्न कोटियों की वक्तृत्व कलाओं का मिश्रण है।

मुक्तिबोध को इस बात का श्रेय है कि हिन्दी के बुद्धिजीवियों में जिस नये अवसरवाद का विकास हुआ, उसे उन्होंने पहचाना। उन्होंने साम्राज्यवाद से उसके सम्बन्ध का उल्लेख एक से अधिक बार किया और उसकी प्रगतिवाद-विरोधी स्थापनाओं का खंडन किया।

मुक्तिबोध के काव्य में यह लघुमानव और महामानव का अन्तर्विरोध कभी समाप्त नहीं होता। 'अँधेरे में' कविता में उसका नायक आजानुभुज दिव्य पुरुष को अपने आदर्श रूप में कल्पित करता है। यह दिव्य पुरुष मुक्तिबोध की खोई हुई अस्मिता नहीं है, यह व्यक्तित्व की ऐसी उदात्त कल्पना है जिसे पाना असम्भव है। और सब भले हो जाये, गौर वर्ण और आजानुभुज वाला रूप प्राप्त न होगा।

मुक्तिबोध के काव्य में जगह-जगह जो अपराध-बोध का अतिरंजित रूप मिलता है, वह मार्क्सवादी दायित्व-बोध से भिन्न है। मुक्तिबोध की समस्या और भी जटिल इसलिए हो जाती है कि उनके व्यक्तित्व का जिस ढंग से विकास हुआ है, उससे दुःस्वप्न, पापबोध, त्रास की भावना—मन की असामान्य स्थिति के कारण, अस्तित्ववादी प्रभाव के बिना भी—उनमें विद्यमान है। विभाजित व्यक्तित्व की असाधारण स्थिति से मुक्तिबोध परिचित थे और उन्होंने अपने काव्य में उसका चित्रण किया है। यह विभाजित व्यक्तित्व पुनः अस्मिता की खोज, आत्मनिर्वासन आदि से बिल्कुल भिन्न वस्तु है। मुक्तिबोध अपने मन की गति-विधि का अध्ययन निरन्तर करते रहे थे। वह अवचेतन में झाँककर उसकी शक्ति को पहचानने का प्रयत्न भी करते है। इस अवचेतन में भले और बुरे दोनों प्रकार के भाव और विचार दमित होने पर एकत्र होते हैं। साथ ही यह अवचेतन जीवन-शक्ति का आगार है और काव्य-रचना से उसका गहरा सम्बन्ध है। मुक्तिबोध को केवल अधिक विकसित ज्ञान नहीं, पूर्ण ज्ञान की तलाश है। जिसे वह ऐतिहासिक अनुभूति कहते हैं, वह देश-काल की सीमाएँ लाँघकर सूर्य के विस्फोटकारी केन्द्र से मनुष्य की आत्मा का सम्बन्ध स्थापित करती है। ये सारी भाववादी प्रवृत्तियाँ मुक्तिबोध की चेतना में मार्क्सवाद से टकराती हैं। वे उनमें सन्तुलन स्थापित करने का असफल प्रयत्न करते हैं, इसलिए उनका आत्मसंघर्ष कभी खत्म नहीं होता।

मुक्तिबोध को उनकी कविताओं से अलग करके देखना सम्भव नहीं है। वे मूलतः अपने ही संघर्ष को, अपने अनुभवों को, अपनी समस्याओं को, कविता में चित्रित करते हैं। ये समस्याएँ निम्न मध्यवर्ग को छोड़कर अन्य वर्ग का साथ देने की ही नहीं हैं, इनमें मुक्तिबोध की अपनी मानसिक उलझनें, मन की असामान्य दशाएँ भी शामिल हैं। भारी उलझनों के बीच मुक्तिबोध हथियार डालकर बैठ नहीं जाते। विभिन्न स्तरों पर वह निरन्तर संघर्ष करते हैं और आत्मकेन्द्रित होते हुए भी वह समाज को आँखों से ओझल नहीं होने देते। उनकी स्वप्नशीलता और प्रतीक-योजना यथार्थ-चित्रण को एक हद तक कमज़ोर करती है। किन्तु उनकी कला विकसित हो रही थी और वह उसके विकास के लिए निरन्तर प्रयत्नशील थे। अभिव्यक्ति उनके लिए सबसे पहले काव्य-सम्बन्धी अभिव्यक्ति है। उसे वह खोज रहे हैं क्योंकि कला का विकास अभी करते जाना है। मुक्तिबोध ने मार्क्सवाद से यह सीखा कि पूँजीवादी समाज-व्यवस्था को बदले बिना, क्या निम्न, मध्यवर्ग और क्या श्रमिक वर्ग, इनकी मूल समस्याओं का समाधान सम्भव नहीं है। समाज को बदलने के लिए संघर्ष आवश्यक है, यह उनकी कविताओं से स्पष्ट है, किन्तु इस संघर्ष को चलाने के लिए एक क्रान्तिकारी पार्टी का संगठन आवश्यक है, यह सपष्ट नहीं है। उनके काव्य-नायक निम्न मध्यवर्ग के होते हैं किन्तु उनके व्यक्तित्व को बदलने का काम मज़दूर करते हैं। मुक्तिबोध यहाँ मार्क्सवाद की सीमाओं का अतिक्रमण नहीं करते, उन सीमाओं के भीतर रहते हुए सर्वहारावर्ग की क्रान्तिकारी भूमिका वह स्वीकार करते हैं। यह एक रोचक बात है कि मुक्तिबोध की कविता में जहाँ भी मज़दूर दिखाई देते हैं, वहाँ उनके लिए न तो आत्म-निर्वासन जैसी कोई समस्या है, न व्यक्तित्व-विभाजन की समस्या है, न व्यक्तित्व के रूपान्तरण की समस्या है। मुक्तिबोध के लिए मज़दूर वर्ग एक स्वस्थ वर्ग है जिसमें मानसिक और शारीरिक दोनों प्रकार की शक्ति है।

अन्तस्तल का पूरा (?) विप्लव : अँधेरे में

निर्मला जैन

'अँधेरे में' उत्तरशती की सबसे महत्त्वपूर्ण और शायद सबसे विवादास्पद कविता है। विवाद भिन्न रुचि और विचारधारा वालों के बीच ही नहीं, समानधर्मा आलोचकों के बीच भी है। यह तथ्य कविता की सम्भावनाशीलता का प्रमाण है। यह भी सही है कि मुक्तिबोध के जीवन-काल में इस कविता को खुद उनसे सुना तो बहुतों ने होगा। ('चाँद का मुँह टेढ़ा है'—की भूमिका में शमशेर बहादुर सिंह ने भी राजनाँदगाँव में 1961 में इस कविता को उनके मुख से सुनने का जिक्र क्रिया है) लेकिन इसे सराहा उनकी मृत्यु के बाद ही गया। इस विलम्ब का कारण उपेक्षा या उदासीनता नहीं बल्कि ऐतिहासिकता है। 1960 के बाद भारत के राजनीतिक और सामाजिक जीवन में होनेवाले परिवर्तनों की गति और विधि दोनों में निकट अतीत से भी बुनियादी अन्तर था। स्थितियाँ जिस तेजी से और जिस रूप में मोड़ ले रही थीं, उन्हें देखते हुए बहुतों को मुक्तिबोध की क्रान्तदर्शिता और सोच की पहचान करना और सराहना जरूरी महसूस हुआ होगा। इस ऐतिहासिक दबाव का जो सिलसिला उस समय शुरू हुआ था, वह आज भी कायम है। अपने समय का अतिक्रमण हर कालजयी रचना में होता है। लेकिन आनेवाले समय के इस कदर साथ चलनेवाली रचनाओं की संख्या बहुत नहीं होती। इस दृष्टि से देखने पर यह बात हैरत में डाल देनेवाली है कि अपने सारे जटिल अर्थ-विन्यास और अपारदर्शी शिल्प के बावजूद इस कविता के पाठकों की संख्या उत्तरोत्तर बढ़ती गयी है। मुक्तिबोध जिन कविताओं को किसी समय लगभग अबूझ और अभेद्य मानकर किनारे रख दिया जाता था, उन्हीं में धीरे-धीरे पाठकों को 'साथीपन' का अहसास होने लगा। निजी सोच में सार्वजनिक जीवन और राजनीतिक विचारों का इतनी दूर तक सीधा-सीधा हस्तक्षेप औसत आदमी ने पहले इस हद तक झेला भी नहीं था। ऐसा हस्तक्षेप जिसने उसके लिए नये सिरे से अपनी पहचान को तलाशने और व्याख्यायित करने की मजबूरी पैदा की। बाहर के जीवन जगत का दबाव मुक्तिबोध की कविताओं पर कुछ इस कदर दिखायी पड़ा कि लोगों को उनकी कविता के द्वारा 'सार्वजनिक दुनिया और राजनीतिक विचारों का पुनर्वास' होता दिखायी

पड़ने लगा मानो इससे पहले के दौर में वे प्रवासी या अनुपस्थित रहे हों।

अपनी तमाम कविताओं में मुक्तिबोध फैन्टेसी शिल्प के माध्यम से पूरी तरह अपने समय के साथ हैं। अन्तर और बाह्य के इस रिश्ते को मुक्तिबोध ने 'दु :स्थिति' के रूप में अनुभव किया है। 'तारसप्तक' के पहले संस्करण के 'वक्तव्य' में ही उन्होंने इस सम्बन्ध की बनावट के बारे में कहा था : "यहाँ यह स्वीकार करने में मुझे संकोच नहीं कि मेरी हर विकास-स्थिति में मुझे घोर असन्तोष रहा और है। मानसिक द्वन्द्व मेरे व्यक्तित्व में बद्धमूल है। यह मैं निकटता से अनुभव करता आ रहा हूँ कि जिस भी क्षेत्र में मैं हूँ वह स्वयं अपूर्ण है, और उसका ठीक-ठीक प्रकटीकरण भी नहीं हो रहा है। फलतः गुप्त अशान्ति मन के अन्दर घर किये रहती है।"

बीस वर्ष बाद जब 'तारसप्तक' के दूसरे संस्करण की तैयारी हो रही थी, तब इस अन्तराल के बीच होने वाले अनुभव ने उन्हें यह समझा दिया था कि "व्यक्ति स्वातंत्र्य की वास्तविक स्थिति केवल उनके लिए है जो उस स्वातन्त्र्य का प्रयोग करने के लिए सुपुष्ट आर्थिक आधार रखते हों, जिससे कि वे परिवार सहित मानवोचित जीवन व्यतीत कर सकें और साथ ही व्यक्ति-स्वातंत्र्य का ऐसा प्रयोग भी कर सकें जो विवेकपूर्ण हो और लक्ष्योन्मुख हो।" (पुनश्च, पृ. 75)। यहीं उन्होंने व्यवसायीकरण-व्यापारीकरण के मार्ग के बढ़ते दबाव और इस मार्ग के अनौचित्य का भी ज़िक्र किया है।

'अँधेरे में' का रचनाकाल भी यही है। अतः क्या यह निष्कर्ष निकालना उचित न होगा कि रचना-कर्म के इस दौर का संघर्ष मुक्तिबोध के लिए सुपुष्ट आर्थिक आधार के अभाव या अपर्याप्तता के कारण व्यक्ति-स्वातन्त्र्य के विवेकपूर्ण और लक्ष्योन्मुख प्रयोग की असमर्थता का संघर्ष है।

कवि के चारों ओर एक वास्तविकता है—सामाजिक परिदृश्य है, राजनीतिक दुनिया है। उसकी कठिनाई इस भयानक दुःस्वप्न सरीखी दुनिया के होने की नहीं, उस होने को महसूस करने की है। वह उसे बाहर देखता और भीतर झेलता है। देखना उसकी सामाजिकता और झेलना उसकी निजता है। यह झेलना द्वन्द्व रूप में है, और सकारण है क्योंकि "आज का वैविध्यमय जीवन विषम है, आज की सभ्यता ह्रासगत, इसलिए आज की कविता में तनाव होना स्वाभाविक ही है। किसी भी युग का काव्य अपने परिवेश से या तो द्वन्द्व रूप में स्थित होता है, या सामंजस्य के रूप में। नयी कविता अधिकतर द्वन्द्व रूप में स्थित है।" (मुक्तिबोध रचनावली, खण्ड पाँच, पृ. 189)

मुक्तिबोध की अधिकतर लम्बी कविताएँ इसीलिए अनिर्णीत स्थिति में खत्म होती हैं। 'अँधेरे में' का वाचक दो टूक कहने का साहस भले ही कविता के अंत तक पहुँच कर जुटा पाता है, लेकिन वह जानता शुरू से है कि "वर्तमान समाज में चल नहीं सकता।" सारे संघर्ष और छटपटाहट का कारण भी यही एहसास है। इतमीनान से खाकर सोने वाला संसार तो परम सुखी है दुखी तो दास कबीर हैं जिनका जागना ही उनके रोने का

कारण है।

"अँधेरे में" का नायक भी जाग्रत् है, पर दिन के उजाले में नहीं। इसीलिए किसी का होना उसे केवल सुनायी देता है—आहट की तरह, दिखायी नहीं देता और जब दिखायी देता है तो 'किसी' मनु-पुत्र की यह आकृति पहचानी नहीं जाती। वह केवल सर्वनाम रूप है–'कोई'। यह 'कोई' कौन है, इसका कोई निश्चित उत्तर नहीं है वाचक के पास। यह संयोग भर नहीं है कि इस आकृति का जो बयान मुक्तिबोध ने किया है वह दर्पण में देखे अपने चेहरे से बहुत भिन्न नहीं है। इसलिए एक हद तक इस मान्यता को बल देता है कि "अँधेरे में' कविता के नायक से मुक्तिबोध को अलग करके देखना असम्भव है।" यह प्रश्न अलग है कि यह नायक व्यक्ति मुक्तिबोध है या कवि मुक्तिबोध।

जिस अनजाने-अनपहचाने चेहरे के सामने कविता का वाचक हतप्रभ है उसकी समझ जवाब दे जाती है, वही जब प्रकट होता है तो पूरी जादुई करामात की तरह– अचानक। किसी तिलस्मी खोह के शिला-द्वार के अकस्मात्, धड़ से खुल जाने पर, रक्तालोक स्नात् पुरुष के रूप में। जो साक्षात् भी है, साथ ही रहस्य भी। वह प्रियदर्शन आकर्षक रूप होने पर भी 'विलक्षण शंका' और 'गहन संदेह' जगाता है।

सारी आशंका और संदेह के बावजूद कवि का सजग अन्तस् उसकी व्याख्या करता है :

> वह रहस्यमय व्यक्ति
> अब तक न पायी गयी मेरी अभिव्यक्ति है,
> पूर्ण अवस्था वह
> निज सम्भावनाओं, निहित प्रभावों, प्रतिमाओं की,
> मेरे परिपूर्ण का आविर्भाव

जो पाया नहीं गया वह व्यक्ति और अभिव्यक्ति दोनों एक साथ हैं। एक ऐसा आदर्श जो लक्ष्य की तरह 'रहस्य साक्षात्' है। यह ज्ञान वाचक को राहत नहीं, पीड़ा देता है। प्रश्न अपनी जगह हैं ही और पर्याप्त होने के साथ गंभीर और खतरनाक भी हैं। आत्मसाक्षात्कार का यह आलोकित क्षण बाहर के गुंजान जंगलात को सह्य नहीं, अत : अचेतन के अँधियारे खड्डे में गिरना उसकी नियति है।

'मैं' के द्वारा निरंतर 'वह' को सिद्ध करने की यह प्रक्रिया कविता के आरम्भ में रह-रहकर दोहरायी गयी है। भीत पर फूले हुए पलिस्तर से खिसकती पपड़ियों से बना चेहरा, तालाब की गहराइयों से उभरती कुहरीली मुखाकृति, तिलस्मी-खोह में साक्षात् रहस्य-पुरुष, द्वार पर रह-रहकर बजती साँकल, ऐसे न जाने कितने और प्रतीकों के रूप में जो अवसर-अनवसर सुविधा का बिना खयाल किए प्रकट होता रहता है। समस्या उसे पहचानने की नहीं, पहचान कर न पहचानने की है। वाचक की आत्मस्वीकृति है :

परन्तु, भयानक खड्डे के अँधेरे में आहत
और क्षत-विक्षत, मैं पड़ा हुआ हूँ,
शक्ति ही नहीं है कि उठ सकूँ ज़रा भी
(यह भी सही है कि
कमज़ोरियों से ही लगाव है मुझको)।

जो प्रिय है उसी को टालना, उससे कतराना 'मैं' की विवशता है। पहचानने और गले लगाने का अर्थ है खतरों का आह्वान, चुनौतियों का स्वीकार। उस गुरुवत 'पूर्णतम परम अभिव्यक्ति' के इस पलातक शिष्य को 'डर लगता है ऊँचाइयों से' इसलिए वह विवश है 'पीड़ाएँ समेटे', खड्डे के अँधेरे में पड़े रहने के लिए। पर रह-रहकर आत्मा में 'भीषण सत्-चित्-वेदना' जल उठती है ; क्योंकि यह मजबूरी भी तो अपनी जगह है ही कि "नहीं, नहीं, उसको मैं छोड़ नहीं सकूँगा, सहना पड़े। चाहे मुझे चाहे जो भले ही।"

एक ओर "मुझे नहीं चाहिये शिखरों की यात्रा" और दूसरे ओर "अब अभिव्यक्ति के सारे खतरे उठाने ही होंगे"
पलायन और संकल्प की विरोधी मनःस्थितियों के रूप में जो द्वन्द्व काव्य-नायक के चरित्र में बद्धमूल है उसकी परिणति होती है आत्म-निर्वासन की बेचैन अनुभूति में, और अन्ततः आत्मालोचन में।

जो बराबर प्रकट अन्तर्धान होता रहता है, समय-असमय, अवसर-अनवसर वह कोई और नहीं, आखिर है तो "व्यक्तित्व अपना ही अपने से खोया हुआ। **वही** उसे **अकस्मात** मिलता था रात में।"

अपने ही खोए हुए व्यक्तित्व के अकस्मात सामने आ जाने पर जो दुविधा, असुविधा और असमंजस पैदा होता है, उसकी जिम्मेदारी बाहरी तंत्र पर तो है ही वाचक का निजी सोच भी उसमें बराबर का हिस्सेदार है। वह ऐसा व्यक्ति है जो स्वयं अपने विरोध में खड़ा है। सार्वजनिक घटनाओं की दुनिया में वैचारिक/सक्रिय हस्तक्षेप खतरे का कारण हो सकता है, अतः विचारों की मणियों को अवचेतन के गर्त में फेंक देना ही अधिक सुरक्षित रास्ता है। प्रकट होकर वह : "हृदय को देता है बिजली के झटके। भविष्य का नक्शा दिखाता है।" वह जगत का प्रबुद्ध समीक्षक है। विवेक पुंज है। इसलिए दुर्बल **मैं** के लिए असह्य है : "इस तम शून्य में तैरती है जगत-समीक्षा/की हुई उसकी/(सह नहीं सकता) विवेक-विक्षोभ महान उसका/तम अन्तराल में (सह नहीं सकता)"।

पूरी कविता इस दुर्बल, जिज्ञासु, साधक 'मैं' के द्वारा आदर्श, रहस्य सरीखे वह को सिद्ध करने के प्रयास और न पा सकने की असफलता/ असमर्थता के बीच की द्वन्द्वात्मकता का बयान है। नामवर सिंह ने इस 'मैं' को पूर्णता में कवि समझ लेने की सम्भावना के विरुद्ध सावधान किया है। वे कविता के 'मैं' और 'वह' दोनों में से किसी को कवि का

सम्पूर्ण रूप मानने के पक्ष में नहीं हैं। उनके अनुसार 'मैं' और 'वह' के समवेत रूप से ही कविता के आदर्श/अभिप्रेत पूर्ण व्यक्तित्व की सिद्धि सम्भव है।

अधूरेपन के बोध को लिये दिये काव्य-नायक के क्रमशः अपने लिए अजनबी होते जाने को रामविलास शर्मा ने एक 'अत्यन्त आत्मग्रस्त' चरित्र का लक्षण माना है। ऐसी आत्मग्रस्तता 'जिसका एक रूप है रहस्यवाद, दूसरा रूप है अस्तित्ववाद'। एक बार यह मान लेने के बाद, मुक्तिबोध की आत्म चेतस संवेदना के साथ उनके सामाजिक सरोकार का तालमेल रामविलास जी ने यह कहकर बैठाया कि "मुक्तिबोध के आत्मसंवेदन समाज के व्यापकतर छोर छूते हैं—इसका अर्थ है, वह रहस्यवाद और अस्तित्ववाद से मार्क्सवाद का समन्वय करने का प्रयत्न करते हैं, किन्तु वह समन्वय हो नहीं पाता।" (नयी कविता और अस्तित्ववाद, पृ. 129)

कविता में जिस तरह जीवन की कठोर और घोर वास्तविक सचाई का लगभग एक दुःस्वप्न की तरह सामना करते हुए वे बारम्बार अभीष्ट परिवर्तन की ऐन्द्रजालिक स्वप्निल दुनिया में लौट जाते हैं, उसे देखते हुए ऐसा निष्कर्ष एकदम संगत नहीं तो पूरी तरह बेबुनियाद भी नहीं कहा जा सकता। अस्तित्ववाद के साथ मार्क्सवाद का समझौता कराने का प्रयास तो स्वयं अस्तित्ववादी चिन्तकों ने भी किया था परन्तु 'रहस्यवादी' अनुभव के लिए जिस असाधारण भाव-भूमि के संस्पर्श की अपेक्षा होती है उसका समन्वय मार्क्सवाद से कराना सहज नहीं है। दरअसल 'अँधेरे में' की संवेदना को 'वादों' की पारिभाषिकता में बाँधकर देखना-समझना कठिन है। कविता में एक ऐसा क्षण आता है, जहाँ पहुँचकर वाचक को लगता है कि :

'रात्रि के श्यामल ओस से क्षालित/कोई गुरू गम्भीर महान अस्तित्व/महकता है लगातार/मानो खंडहर-प्रसारों में उद्यान/गुलाब-चमेली के, रात्रि-तिमिर में/महकते हों, महकते ही रहते हों हर पल/किन्तु वे उद्यान कहाँ हैं, अँधेरे में पता नहीं चलता। मात्र सुगन्ध है सब ओर/पर, उस महक-लहर में/कोई छिपी वेदना, कोई गुप्त चिन्ता/छटपटा रही है, छटपटा रही है।'

इन पंक्तियों में किसी ऐसे गुरू गम्भीर महान अस्तित्व का एहसास भर है जिसकी व्याप्ति केवल महक-लहर की तरह महसूस होती है। इस सुगन्ध के स्रोत का ठीक-ठीक पता नहीं चलता। उसकी तुलना कवि रात्रि के अन्धकार में अदृश्य, महकते हुए गुलाब-चमेली के सदाबहार उद्यानों से करता है। यह व्याख्यातीत संवेदन किसी रहस्यानुभति का नहीं, उस आशावाद का संकेत करता है जिसे आत्मभर्त्सना और आत्मालोचन की कँटीली राह से गुज़रकर काव्य-नायक ने पाया है। इस प्रसंग से ठीक पहले वह अपने दायित्व को पहचानता है, अपराध-बोध के साथ; "मानो मेरे कारण ही लग गया। मॉर्शल-लॉ वह।... मानो मेरे कारण ही दुर्घट/हुई यह घटना। सारी समस्या तो समझौतावादी निष्क्रियता की है : 'मानों मेरी निष्क्रिय संज्ञा ने संकट बुलाया।' सुगंध

का स्रोत कहाँ है? इसको पहचानने में बाधक अँधेरा है। जो भीतर और बाहर दोनों जगह है। पहचान के लिए अँधेरे का छटना ज़रूरी है।

प्रकाश विकीर्ण करने वाले विवेक और अनुभव के रत्न-मणियों की ढेरी तो अवचेतन की गुफा में दबी केवल उसी की बेडौल भीतों को ही आलोकित करती रहती हैं। वे गुहावासी होने के लिए अभिशप्त हैं। गुहावास उन्हें दिया गया है अन्यथा 'बच्चे भीख माँगते खैर'।

इसीलिए जो रामविलास शर्मा की दृष्टि में आत्मग्रस्त है, वह नामवरसिंह की राय में आत्मनिर्वासित है। उसकी तथाकथित आत्मग्रस्तता फ्रायडियन न्यूरोसिस, विकृति, मानसिक रोग नहीं है। इस 'आत्मनिर्वासित' बेचैन व्यक्तित्व को सामाजिक-आर्थिक दबावों ने वैसा होने के लिए विवश किया है। वह आत्मकेन्द्रित निपट अन्तर्मुख व्यक्ति नहीं है। उसकी निजी दुनिया के साथ सार्वजनिक घटनाओं की दुनिया बराबर कारण-कार्य सम्बन्ध से जुड़ी है : 'जितना ही तीव्र है द्वन्द्व क्रियाओं-घटनाओं का/बाहरी दुनिया में/उतनी ही तेज़ी से भीतरी दुनिया में/चलता है द्वन्द्व कि/फ़िक्र से फ़िक्र लगी हुई है।'

इसीलिए उसे समस्याओं की चिन्ता के साथ सम्भावनाओं का एहसास है। शहर का जुलूस उसे बेचैन भी करता है और आतंकित भी। क्रान्ति का स्वप्न उसमें गहरा दायित्व बोध जगाता है। बाहरी और भीतरी दुनिया, चेतन और अवचेतन के बीच अटूट सम्बन्ध लगातार बना रहता है। पर इन दोनों स्तरों पर वे जिस जादुई करामात, कहीं-कहीं नितान्त निजी शब्द और प्रतीक-/व्यवस्था के माध्यम से संतरण करते हैं वह एक साथ ऐन्द्रजालिक और वास्तविक, काल्पनिक और ठोस होने का बोध जगाता है—लगभग चमत्कारिक ढंग से। ये दोनों रूप किसी क्षण विशेष में या किसी एक बिंदु पर समन्वित या समंजित नहीं होते। जब ऐसा दुर्लभ अवसर आता है तो एक दूसरे से अनजाने या समझ-बूझकर मुँह चुराता है या फिर 'होने लगी बहस और/लगने लगे परस्पर तमाचे'।

इस तमाम तनाव को झेलता हुआ यह काव्य-नायक हरपल पीछा करती हुई हिंसक शक्तियों के संकट तले जीना चाहता है—मौत का खतरा उठाकर भी। उसके मन में दुविधा या सस्पेंस नहीं, गहरा अपराध-बोध है। दरअसल उसकी यात्रा संकट-बोध, उस संकट को पैदा करनेवाली शक्तियों की पहचान, आतंक, आतंक का सामना करने के संकल्प से उत्पन्न तनाव, आत्मालोचन और आत्मभर्त्सना, क्रान्ति-स्वप्न की राह से गुजरती हुई अन्ततः रात के अँधेरे से सुबह की सुनहली धूप में आत्माभिज्ञान पर जाकर रुकती है—एक बार फिर नये सिरे से शुरुआत करने के लिए। कविता के आरम्भ में जो रक्तालोक-स्नात पुरुष साक्षात् रहस्य रूप था वह जनयूथ में प्रकट तो होता है, पर झलक दिखाकर ओझल हो जाता है। पर इस बार संकल्प जगाकर जिसका स्वर संभावनापूर्ण नहीं, एक हद तक निश्चयात्मक है।

कविता का नायक जिन्दगी के अँधेरे कमरों से निकलकर जिस सुनहली धूप में उस

रहस्य-पुरुष का साक्षात्कार किसी अद्‌भुत, लोकोत्तर सत्ता के रूप में नहीं, भीड़ के सामान्य जन के रूप में करता है, उससे कविता में व्याप्त अनिश्चय का अंत तो होता है, द्वन्द्व का नहीं। पुकारने के लिए उठी बाँह, उठीं ही रह जाती है और वह जन एक बार फिर खो जाता है। पर इस बार अँधेरी रातों में नहीं दिन के उजालों में—भीड़ के बीच। आत्मगत अमूर्त अवधारणा की यह मूर्त, वस्तुगत सिद्धि है।

इस बार का साक्षात्कार 'मौत की सज़ा सरीखा' नहीं है, न ही वह संकेतों, इशारों में सामने आकर पहचान बताता और समझाता है। भीड़ का हिस्सा होने पर भी उसकी पहचान स्पष्ट है 'वही जन जिसे मैंने देखा था गुहा में'। वह जैसे 'एकाएक' 'आँखों के सामने दिखता है, वैसे ही अकस्मात् फिर खो जाता है। पर इस बार अँधेरे में नहीं बल्कि 'किसी जन-यूथ में. . .'। पुकारने के लिए खुला मुँह और उठी हुई बाँह लिये-दिये वाचक एक बार फिर 'अनखोजी निज-समृद्धि का वह परम-उत्कर्ष' खोजने के लिए विवश है—पठार. . .पहाड़. . .समुन्दर सब कहीं। पर वह तो स्वयंभू है, अनिवार है आत्मसम्भवा। अतः खोज और उपलब्धि के बीच का अन्तराल दुर्लंघ्य है और खोजने की प्रक्रिया अन्तहीन। यही इस कविता का द्वन्द्व है।

सुविधाभोगी, मौकापरस्त, अपराध-बोध से ग्रस्त मध्यवर्ग के मानव-चरित्र का वर्तमान है यह। जो जैसा है उसे उसी रूप में स्वीकार करने की असमर्थता और बदलने की अक्षमता के बीच अपनी निजता को पहचानने और परिभाषित करने में अपने को पूरी तरह असमर्थ पाना एक ऐसी पीड़ा है जिसने उसे बीचोबीच चाक करके, खुद अपने खिलाफ खड़ा कर दिया है। यह अनुभव जिस ठोस वस्तुजगत के माध्यम से व्यक्त होता है उस घटनास्थल में गलियाँ हैं, सड़कें और चौराहे हैं, जीवन की पूरी गतिविधि है। सम्भावित क्रान्ति है, दमन है, सैनिक शासन और मार्शल लॉ हैं। मुक्तिबोध के शब्दों में 'भाव का वस्तुमूलक आकलन' है। भाव का विभावन व्यापार ऑब्जेक्टिव कोरिलेटिव है। यह बात अलग है कि जो स्थितियाँ घटित होतीं या होती प्रतीत होती हैं, उनका माध्यम स्वप्न है—एक ऐसा ऐन्द्रजालिक दुःस्वप्न जो बेतरह मानवीय और ठोस है, दृश्य रूप। जिसके बीच वाचक रह-रहकर 'समझ न पाया कि चल रहा स्वप्न या जागृति शुरू है।'

खुद अपने लिए अजनबी हो जाने के सामाजिक कारणों का वह मृत्यु-दल की शोभा-यात्रा और नगर पर लगे सैनिक शासन और मार्शल लॉ के रूप में साक्षात्कार करता है। इस भयावह स्थति से बचाव का एक ही मार्ग है सम्भावित जनक्रान्ति का स्वप्न। इन दो छोरों के बीच काव्य-नायक निरंतर भाग रहा है : 'भागता मैं दम छोड़/ घूम गया कई मोड़/ इससे पहले भी वाचक एक बार भागता है। हर बार यह भागना निरर्थक नहीं है। हर मोड़ पर एक अनुभव है और उस अनुभव की पड़ताल और व्याख्या। भागने की प्रक्रिया में उसकी मुठभेड़ तिलक और गाँधी दोनों से होती है। तारों के बीच उसे ताल्स्ताय का चेहरा झाँकता दिखायी देता है क्योंकि वे ही तो 'अनलिखे मेरे उपन्यास का/ केन्द्रीय

संवेदन' हैं।

कविता के ठोस मानवीय संसार में गरीबों की बस्तियाँ हैं, अनेक समानधर्मा साथी कलाकार हैं। इस सबके बीच जवाबदेही अपनी जगह है : 'अब तक क्या किया/जीवन क्या जिया ? 'इस प्रश्न के उत्तर में आत्मधिक्कार और अपराध-बोध है : 'अरे मर गया देश/जीवित रह गए तुम।' एक सिरफिरा पागल कलाकार आत्मोद्‌बोधमय गान गाता है और दूसरा 'असंग व्यक्तित्व', अचानक झोंक में आकर कुछ ऐसा कर गुज़रता है कि मारा जाता है। खुद काव्य-नायक स्क्रीनिंग और क्रॉस एक्ज़ामिनेशन की यातनामय प्रक्रिया से गुज़रता है। कहने की आवश्यकता नहीं कि यह यात्रा कितनी तनावपूर्ण और दुःखदायी होगी।

'चाँद का मुँह टेढ़ा है' की भूमिका में श्रीकान्त वर्मा ने कहा था : मुक्तिबोध 'जिन्दगी में एक-एक स्नायु के तनाव को एक बार जीवन में और दूसरी बार अपनी कविताओं में जीते थे'। (पृ. 7-8) मुक्तिबोध के लिए दोनों स्तरों पर इस तनाव को जीने का अर्थ है दोनों का एकमेक हो जानाः "कला-कर्म में अपने मन की धारा को न केवल तीव्र और गहन करना पड़ता है, वरन् यह भी कि उस धारा को अत्यन्त संयमित-नियन्त्रित और एक विशेष दिशा की ओर उन्मुख करना पड़ता है। जब कलाकार ऐसा करता ही है तो ऐसी स्थिति में—जब कि उसके हृदय के दो भाग (जो भीतर से निगूढ़ रूप से सम्बद्ध हैं, क्योंकि वे एक ही लक्ष्य की पूर्ति के लिए दो हुए हैं; मेरा मतलब भोक्ता और स्रष्टा मन से है) हो ही गये हैं तो—स्रष्टा मन, संवेदनात्मक उद्देश्यों के अनुसार ही नहीं, वरन् उससे अनुप्राणित होकर अधिकाधिक जीवन-तत्त्व अपने आप में क्यों न समेटे ? संक्षेप में, वह किसी भी कलाकृति में अपना पूरा व्यक्तित्व–जीवनानुभव-सम्पन्न, ज्ञानानुभवसम्पन्न अपना पूरा आत्मैक्य—क्यों न क्रियाशील करे ? और, वह पूरे क्षण के भीतर से सारा वैविध्यपूर्ण वास्तविक जीवन-दर्शन क्यों न करे ?" (रचनावली : पाँच, पृ. 160) कहने का तात्पर्य यह है कि मुक्तिबोध के लिए भोक्ता और स्रष्टा मन के बीच वैसा द्वैत नहीं है जैसा कुछ सौन्दर्यवादी मानते हैं। जीवनानुभूति और सौन्दर्यानुभूति के बीच वैसा अन्तराल न मानने के कारण उनकी एक समस्या जीवनानुभूति की अभिव्यक्ति की है। इसीलिए 'अँधेरे में' व्यक्ति के साथ अभिव्यक्ति की खोज की कविता है—यानी आज के मनुष्य के बारे में कविता और आज की कविता के बारे में कविता।

वर्तमान समाज-व्यवस्था ने व्यक्ति को आत्मनिर्वासन ही नहीं दिया, उसके लिए पूर्ण व्यक्तित्व की, पूर्ण मनुष्यता की प्राप्ति की समस्या पैदा कर दी है। कलाकार के लिए यह समस्या दोहरी है—वह सर्जनात्मक शक्ति के लिए घातक स्थिति पर विजय प्राप्त करके सार्थक काव्य-सृष्टि कैसे करे ? परिवेश और परिस्थिति मनुष्य के व्यक्तित्व, उसकी मनुष्यता और उसकी सृजनात्मक प्रतिभा दोनों के लिए घातक है।

बाधा बाहर और भीतर दोनों स्तरों पर है। सामाजिक अव्यवस्था और असंगति से

जिस भयावह रहस्ममय वातावरण की सृष्टि होती है उसमें बाहरी स्तर पर तो अँधेरा है ही सूक्ष्म स्तर पर व्यक्ति मन की निविड़ता ने एक 'अंडरग्राउंड संसार' रच लिया है जिसमें मध्यवर्ग के चेतन, समझौतावादी और अर्धचेतन आदर्शवादी निरन्तर संघर्षरत है। आज का मनुष्य अँधेरी शक्तियों के मायाजाल की गिरफ़्त में है। 'क्या करूँ ? किससे कहूँ ? कहाँ जाऊँ ? उसका प्रश्न है जिसका कोई दो टूक उत्तर नहीं है उसके पास।'

प्रश्न एक और भी है कैसे कहूँ ? कयोंकि:
किन्तु, असन्तोष मुझको है गहरा
शब्दाभिव्यक्ति– अभाव का संकेत।
काव्य चमत्कार उतना ही रंगीन
परन्तु, ठण्डा।
मेरे भी फूल हैं तेजस्क्रिय, पर
अतिशय शीतल।

समस्या तेजस्क्रिय फूलों में अंगार भरने की है। 'गंभीर आवेश भी है और अथाह प्रेरणा स्रोत का संयम भी'। नहीं है तो अभिव्यक्ति का समुचित माध्यम :

'अरे, इन रंगीन पत्थर-फूलों से मेरा
काम नहीं चलेगा।'

कहना न होगा कि ये पत्थर-फूल जमीन से चुने-गढ़े गए हैं। दूर क्षितिज पर बिजली की नंगी लताओं से झर रहे फूलों के समतुल्य उपकरण बनाने के इरादे से। पर राह नहीं मिलती। परिणामत :

'मस्तक-कुण्ड में जलती
सत-चित वेदना-सचाई व ग़लती—
मस्तक शिराओं में तनाव दिन-रात।

यह संयोग नहीं है कि 'अभिव्यक्ति के सारे खतरे उठाने' का संकल्प ठीक इसी प्रसंग के बाद आता है और साथ ही शुरु होता है भागने का अटूट सिलसिला। इस बार भागना पूर्व प्रसंगों से भिन्न है। लक्ष्य की दिशा में काव्य-नायक की यह आखिरी दौड़ है। इसी बीच उसे बोध होता है :

मेरे ही विक्षोभ-मणियों को लिये वे,
मेरे ही विवेक-रत्नों को ले कर,
बढ़ रहे अँधेरे में सोत्साह।
किन्तु मैं अकेला

बौद्धिक जुगाली में अपने से दुकेला।
कोई चुपचाप एक पर्चा जेब में डाल जाता है जिसमें :
चमकता है आशय मनोज्ञ मुखों से
पारिजात-पुष्प महकते"

परिणामतः पहले एक बार किये गये संकल्प को वह फिर कुछ इस रूप में दोहराता है :

कविता में कहने की आदत नहीं, पर कह दूँ
वर्तमान समाज में चल नहीं सकता।
पूँजी से जुड़ा हुआ हृदय बदल नहीं सकता,
स्वातन्त्र्य व्यक्ति का वादी
छल नहीं सकता मुक्ति के मन को,
जन को।

इस के बाद बचा रहता है काल्पनिक क्रान्ति-चित्र। कवि ने इस सम्भावित स्थिति को सभी पहलुओं से देखा है—पूरे मानवीय सरोकार के साथ—एक ऐसी घटना के रूप में जिसके बाद 'अब युग बदला है वाकई' ऐसा युग जिसमें 'मेरे युवकों में होता जाता व्यक्तित्वान्तर'। यह स्थिति आकांक्षित ही हो सकती है, यथार्थ नहीं। रह-रहकर कवि याद दिलाता है :

एकाएक फिर स्वप्न भंग
बिखर गये चित्र कि मैं फिर अकेला।

पर इस बार स्वप्न का टूटना इस एहसास के साथ है कि :

मेरे इस कमरे में आकाश उतरा,
मन यह अन्तरिक्ष-वायु में सिहरा।

आत्मनिर्वासन से आत्मालोचन और अपराध-भावना की गहरी पीड़ा से गुज़रता हुआ काव्य-नायक अन्ततः आत्मबोध के जिस बिन्दु तक पहुँचता है उसमें कोई प्रकट तार्किक क्रम नहीं है—कम से कम वह सहज रूप से लक्षित नहीं किया जा सकता । उसकी इस यात्रा का कोई सुनिश्चित भूगोल नहीं है। यह यात्रा जिस अँधेरी दुनिया में तय की गई है, उसमें उतना ही दिखायी पड़ता है जितना कवि दिखाना चाहता है—लगभग स्पॉट लाइट डालकर। आसपास का बाकी संसार अंधकार में गर्क है। जो दिखायी देते हैं वह भी एकाएक, अचानक, अकस्मात्—एक तिलस्म, दुःस्वप्न की तरह। शमशेर ने सही कहा

है कि उनकी कविताओं के अंश जासूसी उपन्यासों के अंशों की याद दिलाते हैं।

यही फैंटेसी शिल्प को अपनाने का कारण भी है। चारों ओर घटित होती राजनीतिक घटनाएँ हैं—जिन्होंने विभाजित अधूरी जिंदगी जीने की मजबूरी पैदा की है। दमनकारी अदृश्य शक्तियाँ अँधेरे में घेरा डाले हैं। पूरा माहौल मानो मनुष्यता के विरुद्ध विराट षड्यन्त्र रचने में संलग्न है। कवि की विडम्बना यह है कि जिस षड्यन्त्र को रचने में उसकी हिस्सेदारी / ज़िम्मेदारी है, वह खुद उसी का शिकार भी है। इस पूरी वस्तुस्थिति को जाँचने-परखने के लिए वह एक यथार्थ और प्रतीकात्मक रूप धारण करने के लिए विवश है। फैंटेसी शिल्प उसकी अपेक्षा ही नहीं विवशता है। मुक्तिबोध ने 'एक साहित्यिक की डायरी' में अनुभव के फैंटेसी में रूपान्तरण को सृजन-प्रक्रिया की अनिवार्य कड़ी बताते हुए इस प्रक्रिया के विभिन्न चरणों का विस्तार से विश्लेषण किया है। फैंटेसी शिल्प उनके लिए वैकल्पिक नहीं, अपरिहार्य है। रामविलास शर्मा ने ठीक कहा है कि 'यथार्थ को स्वप्न चित्रों में बदले बिना वह मानो उसे समझ नहीं सकते।' नामवर सिंह को उनकी फैंटेसी की विविधता और व्यापकता आकर्षित करती है। इसलिए और भी कि वे "फैंटेसी का उपयोग यथार्थ की परतों के उद्‌घाटन के लिए करते हैं, कल्पना—विलास के लिए नहीं।" कहने का तात्पर्य यह कि उनका शिल्प कल्पनापेक्षी होने पर भी यथार्थ से अभिन्न रूप में जुड़ा है। इस शिल्प ने "वास्तविकता के प्रदीर्घ घटनात्मक ब्यौरों के चित्रण" से बचाव का रास्ता तो मुहैय्या किया ही है, साथ ही वर्णनों में मितव्ययता और सघनता आ गई है।

अनुभव को फैंटेसी में रूपायित करने का परिणाम होता है उसे अपने से विलग करके मूर्त विभावन-व्यापार के माध्यम से संप्रेष्य बनाना। दिलचस्प बात यह है कि ऐसी स्थिति में रचनाकार की हैसियत खुद तटस्थ प्रेक्षक की हो जाती है। उसका अनुभव उसके सामने ठोस बाहरी मूर्त घटना या स्थिति के रूप में आ खड़ा होता है। भोक्ता मन और स्रष्टा मन रूबरू होकर रचना-कर्म को साधते हैं—यथासंभव वस्तुनिष्ठता के साथ।

रामविलास शर्मा ने इस रचना-पद्धति का मिलान काफ़्का की कला से किया है : "इस कला की विशेषता है, किन्हीं अमूर्त विचारों और भावनाओं के लिए पात्रों और वस्तुओं को निश्चित करना।"

मुक्तिबोध की फैंटेसी कहने को स्वप्न, पर वास्तव में एक ऐसी प्रतीक-व्यवस्था है जिसका गहरा सम्बन्ध जीवन की ठोस और कठोर सचाई से है। इसीलिए वे अक्सर बिम्बों का प्रयोग करके अनुवर्ती व्याख्या के माध्यम से उन्हें स्पष्ट करते हैं। खोह की बेडौल झिलमिलाती भीतों में तेजस्क्रिय रत्नमणियों को विलुब्ध नेत्रों से देखते-देखते इस दृश्य की वास्तविकता उन पर प्रकट होती है—अकस्मात् :

> पाता हूँ अकस्मात्
> दीप्ति में वलयित रत्न वे नहीं हैं

अनुभव, वेदना, विवेक निष्कर्ष,
मेरे ही अपने यहाँ पड़े हुए हैं
विचारों की रक्तिम अग्नि के मणि वे
प्राण-जल-प्रपात में घुलते हैं, प्रतिपल
अकेले में किरणों की गीली है हलचल
गीली है हलचल'

रह-रहकर चेतन और अवचेतन के बीच यह संवाद उनकी कविताओं में प्रायः दिखायी पड़ता है। मन के रत्नों को अवचेतन के गड्ढे में धँसाने का बोध उनका बीज भाव है। 'ओ काव्यात्मक फणिधर' में भी उन्हें इस बात का एहसास हुआ था :

चुपचाप धँसाये गये, छिपाये गये रत्न मन के, जन के
जो मूल्य सत्य हैं इस जग के परिवर्तन के।
वे विविध असुविधाओं के कारक होने से
नित उपेक्षिता भूमि में फिंके।

असुविधाओं का भय और परिवर्तन की कामना के बीच करणीय को अन्जाम देने की असमर्थता के बोध से निर्मित त्रिशंकु स्थिति मुक्तिबोध की तमाम कविताओं की तनावपूर्ण बनावट की कारक है। यही 'बद्धमूल द्वन्द्व' उनकी लम्बी कविताओं को नाटकीय विधान देता है। 'मैं' से आरम्भ होकर 'मैं' पर खत्म होने वाली उनकी इस कविता में पूरे जीवन-जगत की परिक्रमा न प्रगीतात्मक लय में तय की गयी है और न समाख्यानात्मक ब्यौरों से गुज़रकर। कविता में लोग हैं, स्थितियाँ हैं, घटनाएँ हैं, पर कथानक-विधान नहीं है। सम्पूर्ण वस्तु-विन्यास दृश्यों में रूपान्तरित हो गया है। कविता के आठ खण्ड किसी नाटक के आठ दृश्यों के समान हैं। अँधकार के विराट दृश्य-पटल पर सिनेमेटोग्राफ़ी की तकनीक से घटनाएँ एक के बाद एक चित्र के रूप में प्रक्षेपित की गयी हैं। पूरी घटनावली के बीच कविता का केन्द्रीय चरित्र 'मैं' और 'वह' में विभक्त होकर बराबर किसी न किसी रूप में उपस्थित है। 'वह' स्वेच्छया अत्यन्त नाटकीय शैली में कभी अन्तर्धान हो जाता है और कभी प्रकट; जबकि 'मैं' हर घटना का स्थिर साक्षी रहकर स्थिति और गति के द्वन्द्व को झेलने के लिए अभिशप्त है। दरअसल 'वह' का रह-रहकर प्रकट होना इस स्थिर एकरसता को नाटकीय ढंग से खंडित करता है। यह आकस्मिक नहीं, सुनियोजित है कि कविता के अधिकांश घटना-प्रसंग 'सहसा', 'एकाएक', 'अचानक' 'अकस्मात' घटित होते हैं।

कविता के पाठक-आलोचकों ने तरह-तरह से इस बात को दोहराया है कि मध्यवर्ग के सुविधाजीवी, समझौतावादी और आदर्शजीवी मन का संघर्ष ही 'अँधेरे में' की

काव्य-वस्तु है। इस आत्मनिर्वासित आधुनिक मनुष्य के विभाजित व्यक्तित्व के संघर्ष का एक आयाम और है। कविता का 'मैं' जिसे पहचानने और पाने के लिए व्यग्र है उसी की पहचान और उपलब्धि की सम्भावना उसके लिए भय का कारण भी है। भय और प्रीति का यह द्वन्द्व इस आत्मनिर्वासित मन का मुख्य आकर्षण है। 'खोज और उपलब्धि' के बीच की इस दुविधा या 'सस्पेंस' को नामवर सिंह ने कविता की अद्‌भुत नाटकीयता का श्रेय दिया है। मुक्तिबोध के लिए यह कथ्य का दबाव है, मात्र शैलीगत प्रयोग नहीं। इसीलिए कविता के मोड़ लेने पर वे शैली में यथावश्यक परिवर्तन कर लेते हैं। आत्म-संवाद या दो के बीच संवाद के माध्यम से बढ़ती कविता में आत्मभर्त्सना का प्रसंग उपस्थित होते ही कविता का कलाकार गीत की टेक का सहारा लेकर अपनी जवाबदेही करता है :

अब तक क्या किया
जीवन क्या जिया।

टेक का प्रयोग कविता में दो बार और हुआ है पर दूसरे उद्देश्य से । गीत की व्यंजना और दोहराव के माध्यम से कथ्य पर वजन देने के लिए।

जान हथेली पर लिए काव्य-नायक भाग रहा है :

भागता मैं दम छोड़
घूम गया कई मोड़

भागना बराबर है और अपनी जगह है। भागने की इस अनवरत प्रक्रिया में कई मोड़ हैं और हर मोड़ पर एक नयी दृश्य-स्थिति। टेक की ये पंक्तियाँ इसी तथ्य की व्यंजना करती हैं। इसी तरह एकाएक हृदय के धड़क कर रुक जाने के बाद जब क्रान्ति का स्वप्न-चित्र प्रस्तुत होता है तो तेजी से परिवर्तमान दृश्यों के बदलाव को वे मानो टेक की पंक्तियों से रेखंकित करते चलते हैं। विद्रोह की आग और दमन की गोली के बीच चोली दामन का साथ है। इसलिए एक तरफ यह दोहराना जरूरी है कि, 'कहीं आग लग गयी, कहीं गोली चल गयी।' वहाँ लगे हाथों यह जताते चलना भी जरूरी है कि स्थिति हर बार वही नहीं है। आरम्भ होता है इस बोध से कि 'चढ़ गया उर पर कहीं कोई निर्दयी', तो सिलसिला आगे बढ़ता है इस एहसास के साथ कि 'नपुंसक श्रद्धा / सड़क के नीचे की गटर में छिप गयी।' पर सक्रिय क्रान्ति से पहले जरूरी है 'विश्व की मूर्ति में आत्मा ही ढल गयी।' क्रान्ति की सकर्मकता में संदेह न हो इसलिए आश्वस्त करना ज़रूरी है कि 'यह कथा नहीं है, यह सब सच है, हाँ भई'। जब क्रान्ति कथा न रहकर वास्तविकता हो जाय तो यह आत्मविश्वास स्वाभाविक है कि 'अब युग बदला है वाकई'। इस बदले युग की पहचान है युवकों में होता हुआ 'व्यक्तित्वान्तर' जिसके परिणामस्वरूप

'द्रुत-वेग बहती हैं शक्तियाँ निश्चयी।' कहने का तात्पर्य यह कि गीत की टेक वाली शैली का प्रयोग करने पर भी इस कविता की संरचना गीत की तरह आवर्तमयी नहीं है बल्कि रेखीय है—विकासशील।

मुक्तिबोध की कविताओं का शिल्प काफ़ी समय तक अपने मौलिक, अपरिचित विन्यास के कारण संप्रेषण की कठिनाई पैदा करता रहा। उनहोंने सार्वजनिक जीवन की घटनाओं के साथ अपनी निजी दुनिया का जो सार्थक सम्बन्ध कायम किया उसे उतनी ही निजी प्रतीक-व्यवस्था के माध्यम से व्यक्त किया। विशिष्टता उनके शब्द-प्रयोग में उतनी नहीं जितनी संयोजनाओं में है। निकट अतीत से सुदूर अतीत तक अनेक काल-क्षणों को उन्होंने समकालिक यथार्थ में केन्द्रित कर कविता को कालगत आयाम दिया है। समकालीन जीवन को वे उसकी सम्पूर्ण विविधता, जटिलता और अनेकस्तरीयता के साथ तदनुरूप मुहावरे के माध्यम से चरितार्थ करते हैं।

उन्हें किसी भाषा से परहेज नहीं है। महत्त्वपूर्ण है संदर्भ और उसकी अपेक्षा। अंग्रेज़ी के प्रोसेशन, स्क्रीनिंग, रेडियो एक्टिव, हाइफ़न, डैश, रेल-एक्सीडेंट, स्प्लिट सेकेंड जैसे बातचीत में प्रयुक्त होने वाले शब्दों से लेकर प्रसंग के अनुरोध से 'क्रॉस एक्ज़ामिन हिम थॉरोली मिस्टर गुप्ता' जैसे आदेशात्मक वाक्य भी यथास्थान मौजूद हैं। मराठी के संस्कार से उनकी भाषा में नक्षा, कंदील, गजर, हंकाल दिया तो अनायास ही चले आये हैं कोहरीला, किरगीली जैसे विशिष्ट प्रत्यय प्रयोग भी दिखायी पड़ते हैं। बातचीत के स्वाभाविक मुहावरे की रक्षा के लिए वे उर्दू की तर्ज अपनाने से नहीं चूकते: 'फिज़ूल है इस वक्त कोसना खुद को' और जरूरत पड़ने पर वे तेजस्क्रिय, सत-चित-वेदना भास्कर जैसे प्रयोग खुद गढ़ते हैं। कहने का तात्पर्य यह कि विषय के अनुसार उनकी भाषा विविध रूप-संरचनाएँ ग्रहण करती हैं। अक्सर एक प्रलम्बित वाक्य के साथ दूसरा छोटा वाक्य लगाकर वे बात पूरी करते हैं :

> सब चुप, साहित्यिक चुप और कविजन निर्वाक्
> चिन्तक, शिल्पकार, नर्तक चुप हैं
> उनके ख्याल से यह सब गप है
> मात्र किंवदन्ती।

प्रसंग आने पर यही शैली संवाद-सुलभ सरल वाक्य-विन्यास में रूपान्तरित हो जाती है :

> किन्तु न जाने क्यों खुश बहुत हूँ।
> जिसको न मैं इस जीवन में कर पाया,
> वह कर रहा है

जरूरत पड़ने पर ऐसी ही प्रवाहपूर्ण शैली में वे घटनाओं और उनकी प्रतीति का वर्णन करते हैं :

> और, तब प्रतीत हुआ भयानक
> गहन मृतात्माएँ इसी नगर की
> हर रात जुलूस में चलतीं,
> परन्तु दिन में
> बैठती हैं मिलकर करती हुई षड्यन्त्र
> विभिन्न दफ़्तरों–कार्यालयों, केन्द्रों में घरों में !

सामान्यतः मुक्तिबोध की शैली में अंलकृति का अभाव है। किन्तु सूक्ष्म अर्थ-व्यंजना के लिए उन्होंने बिम्बधर्मी भाषा का सहारा लिया है। ऐसा प्रायः उन स्थलों पर हुआ है जहाँ वे अन्तर्मन की सूक्ष्म संवेदनात्मक विवृति करते हैं :

> उदास मटमैला मन रूपी वल्मीक
> चलविचल हुआ सहसा

अथवा जहाँ वस्तुस्थिति में ऐन्द्रिय बोध के परे कल्पनाश्रयी संवेदन उनका लक्ष्य होता है :

> 'साँवली हवाओं में काल टहलता है'
> ऐसे प्रसंगों में उनकी भाषा अर्थ नहीं, बिम्ब ग्रहण कराने लगती है।

कहने का अर्थ यह नहीं है कि मुक्तिबोध की भाषा सामान्य अर्थ में सज्जापूर्ण, अलंकृत या प्रांजल भाषा है। पंत और अज्ञेय की भाषा की सी खरादी-तराशी भाषा तो वह नहीं ही है। कुल मिलाकर उनकी भाषा अनगढ़ तेजोदीप्त भाषा है जिसमें नदी का कलकल निनाद व मन्थर गति नहीं, पहाड़ी निर्झर का सा दुर्धर्ष उद्दाम वेग है जो राह में आने वाले पत्थर, ढोकों और मिट्टी के किरगीले कणों को समेटे चलता है, अपना राह खुद बनाता हुआ।

इसीलिए नन्ददुलारे वाजपेयी को उनकी भाषा में लय और संगीत की अपेक्षा चिल्लाहट सुनायी पड़ती थी। श्रीकान्त वर्मा ने सही कहा था कि मुक्तिबोध ने संगीत से पैदा शून्य को तनाव से भरा है। प्रश्न अपनी जगह है कि क्या यही वह परम अभिव्यक्ति नहीं है, मुक्तिबोध को जिसकी खोज थी? वह 'परम' भले ही न हो, आत्मसम्भवा / स्वयंभू निश्चित रूप से है।

टिप्पणियाँ

कविता का हिन्दुस्तान

श्रीकांत वर्मा

मुक्तिबोध की प्रतिनिधि कविता 'अँधेरे में' अपने युग की घटनाओं से नहीं, बल्कि उसकी बनावट से सामना कराती है। इस कविता में वे सभी खतरे हैं जो कि उसे कविता की जगह उपन्यास में परिणत कर सकते थे। 'अँधेरे में' के अनुभव की समग्रता चरित्रों और घटनाओं में बिखरकर स्थूल अर्थों में एक यथार्थवादी उपन्यास बन सकती थी। मुक्तिबोध ने इस खतरे को पहचानते हुए अपने अनुभव को और भी गुमनाम होने दिया।

इस कविता के विषय में यह ठीक ही कहा गया है कि इसका एक काव्य-नायक है। काव्य-नायक मुक्तिबोध नहीं हैं। यह काव्य-नायक बेचैन, खंडित, जर्जर, व्यग्र हिन्दुस्तान है। यह स्वाधीनता के बाद का भारतवर्ष है, जिसका शरीर और मन क्षत-विक्षत है। उसके चेहरे पर इतिहास की झुर्रियाँ, सीने पर गोली के घाव और अन्तरात्मा में बेचैनी है :

"जिन्दगी के
कमरों में अँधेरे
लगाता है चक्कर
कोई एक लगातार ;
आवाज पैरों की देती है सुनायी
बार-बार. . .बार-बार,
वह नहीं दीखता. . .नहीं ही दीखता
किन्तु वह रहा घूम
तिलिस्मी खोह में गिरफ्तार कोई एक,
भीत पार आती हुई पास से,
गहन रहस्यमय अन्धकार ध्वनि-सा
अस्तित्व जनाता
अनिवार कोई एक,

और मेरे हृदय की धक्-धक्
पूछती है—वह कौन
सुनायी जो देता, पर नहीं देता दिखायी।
इतने में अकस्मात गिरते हैं भीतर से
फूले हुए पलिस्तर
खिरती है चूने-भरी रेत
खिसकती हैं पपड़ियाँ इस तरह
खुद-ब-खुद
कोई बड़ा चेहरा बन जाता है,
स्वयमपि,
मुख बन जाता है दिवाल पर
नुकीली नाक और
भव्य ललाट है,
दृढ़ हनु,
कोई अनजानी अन-पहचानी आकृति।
कौन वह दिखायी जो देता, पर
नहीं जाना जाता है।
कौन मनु?"

हिन्दुस्तान केवल नक्शे में नहीं, कविता में भी है। और शायद कविता का हिन्दुस्तान ज्यादा सच है। इस हिन्दुस्तान को पहचानने में हिन्दी कविता को लगभग पचास वर्ष लग गये। और जब इस प्रश्नाहत 'मनु' को पहचाना गया तब तक देश सचमुच ही 'अँधेरे में' जा चुका था। मुक्तिबोध की सार्थकता इसमें है कि उन्होंने इतिहास के प्रश्नों को केवल 'इतिहास के प्रश्न' कहकर नहीं छोड़ दिया, बल्कि उन्हें कविता के प्रश्नों में बदल दिया।

दहकता इस्पाती दस्तावेज़

शमेशर बहादुर सिंह

मुक्तिबोध ने छायावाद की सीमाएँ लाँघकर, प्रगतिवाद से मार्क्सी दर्शन ले, प्रयोगवाद के अधिकांश हथियार सँभाल, और उसकी स्वतन्त्रता महसूस कर, स्वतन्त्र कवि-रूप से, सब वादों और पार्टियों से ऊपर उठकर, निराला की सुथरी और खुली मानवतावादी परम्परा को बहुत आगे बढ़ाया।

मुक्तिबोध हमेशा एक विशाल विस्तृत कैन्वास लेता है : जो समतल नहीं होता : जो सामाजिक जीवन के 'धर्मक्षेत्र' और व्यक्ति-चेतना की रंगभूमि को निरन्तर जोड़ते हुए समय के कई काल-क्षणों को प्रायः एक साथ आयामित करता है। लगता है। . . .इतिहास के संघर्ष—एक षडयन्त्र—का-सा जाल फैलता-सिमटता है। और इस जाल में हम और आप, अनजाने तौर से, और अनिवार्यतः, फँस गये हैं—और निकलने का रास्ता खोज रहे हैं—मगर कहीं कोई रास्ता नहीं है—और फिर भी पक्का विश्वास है कि रास्ता है, रास्ता है. . .।

मुक्तिबोध की कविता को किसी राजदाँ की बातों की तरह सँभल-सँभलकर सोच-सोचकर, बल्कि कभी-कभी दोहरा-दोहराकर, पढ़ना चाहिए। किसी-किसी कविता के कई अंश जासूसी उपन्यासों की भी याद दिलाते हैं, मगर वह हरगिज़ एक सपाटे में पढ़ लिये जानेवाले उपन्यास के-से अंश नहीं हैं।

मुक्तिबोध की कविता, अद्‌भुत संकेतों-भरी, जिज्ञासाओं से अस्थिर—कभी दूर से ही शोर मचाती, कभी कानों में चुपचाप राज़ की बातें कहती चलती है। हमारी बातें हमी को सुनाती है और हम अपने को एकदम चकित होकर देखते हैं, और पहले से और भी अधिक पहचानने लगते हैं।

क्या बात है यह? और क्यों है? मुक्तिबोध ने सब-कुछ अपने ऊपर झेला था। अंग्रेजी शासन : युद्ध काल। सामन्ती-साम्प्रदायिक प्रतिक्रिया। प्रकाशकों की व्यावसायिक वृत्ति की चरम सीमा। मुक्तिबोध न 'हंस' की सम्पादकी में कुछ कर सके, न 'नया खून' (नागपुर) में ही कुछ बना सके—सिवाय विरोधियों और उपेक्षा करनेवालों की संख्या

बढ़ाने के। आकाशवाणी में भी उनकी अव्यावहारिक सरलता और खुलेपन ने उन्हें टिकने नहीं दिया। जहाँ गये, वह हलचलों के रेले में कुछ-न-कुछ खोते ही गये। हासिल किया उन्होंने केवल गहरा काव्य-मर्म। उनका सारा जीवन बाहर से असफल, रिक्त, किन्तु अन्दर से रचनाकार की प्रतिभा से खूब समृद्ध हो चुका था। जीवन के बन-बीहड़ में जो पलाश के क्षेत्र सुलग उठे थे, उनमें मानव-रक्त की पवित्र गन्ध थी, और एक निर्मलता-जैसी कि उसके समकालीनों में कहीं न मिलेगी।

मुक्तिबोध की कविताओं में सदैव एक साथीपन का भाव है। सबसे बड़ी बात उनमें यह है कि उनके अन्दर 'मस्तिष्कहीन कोरी भावुकता' (माइण्डलेस फीलिंग) नहीं है। उनके भावों के ज्वार के पीछे विचारों का दीर्घ दोहन है।

मुक्तिबोध के हर इमेज के पीछे शक्ति होती है। वे हर वर्णन को दमदार, अर्थपूर्ण और चित्रमय बनाते हैं। संग्रह को कहीं से भी उलटिए, सर्वत्र इसके उदाहरण मिलेंगे। कुछ कवि अभिव्यक्ति के लिए विशिष्ट शब्द की खोज करते हैं, मुक्तिबोध विशिष्ट बिम्ब, बल्कि उससे अधिक विशिष्ट प्रतीक की योजना लाते हैं। उनके प्रतीक भी 'कथा' (या 'गाथा', 'मिथ') सृष्टि की भूमिका बनाने लगते हैं। मुक्तिबोध की रचनात्मक प्रक्रिया में अदभुत-अनोखे का विद्युत्प्राण चमकता है। रूढ़ि और परम्परा से वितृष्ण, उनसे विद्रोह, और नयी मानवता का साग्रह आह्वान उनकी शब्दावली को उत्तेजना से, रेटॅरिक से, भर देता है और चित्र विद्रूप तक हो उठते हैं; पर वस्तु-तथ्य के आधार पर वे कभी कष्टकर नहीं होते।

मगर उनके यहाँ मुक्तछन्द की निरालीय गति में प्रस्तुत राजनीतिक-सामाजिक इतिहास का मूल्यांकन जो काव्य-तत्त्वों के माध्यम से होता चलता है, वही कवि की मुख्य शक्ति है। अपनी शैली में मुक्तिबोध अमूर्त को मूर्त करने की सहज शक्ति हैं।

यह जरूर है, कभी-कभी ऐसा महसूस होता है कि पेड़ों के जंगल में अकेले पेड़ का अस्तित्व खो जाता है : लेकिन तब उस जंगल का व्यक्तित्व इतना सजीव चित्रित होता है कि व्यक्ति की सजीवता उस पर ईर्ष्या करे।

मुक्तिबोध की शक्तिशाली मानवतावादी रोमानियत में अमूर्त का सविस्तार मूर्तीकरण, समाजवाद के धरातल पर प्रतिष्ठित किये जाने के कारण एक ऐसी प्रखर स्पष्टता धारण कर लेता है, जिसमें भयानक से भयानक, विद्रूप से विद्रूप (और कोमल से कोमल भी), फैण्टेसी को हम मानो अपनी साँस में महसूस कर सकते हैं।

मुक्तिबोध की कुछ लम्बी कविताएँ आधुनिक हिन्दी काव्य को विशिष्ट देन हैं, जिनमें 'अँधेरे में' प्रमुख है। यह कविता देश के आधुनिक जन-इतिहास का, स्वतन्त्रता-पूर्व और पश्चात का एक दहकता इस्पाती दस्तावेज़ है। इसमें अजब और अद्‌भुत रूप से व्यक्ति और जन का एकीकरण है। देश की धरती, हवा, आकाश, देश की सच्ची मुक्ति, आकांक्षी नस-नस इसमें फड़क रही है।... और भावनाओं के अनेक गुम्फित स्तरों पर। डॉ. प्रभाकर

माचवे का कहना है कि यह Guernica in Verse है : इसके बहुत-से अंश पिकासो के विश्व-प्रसिद्ध चित्र-जैसा ही प्रभाव डालते हैं। 'अँधेरे में' मुक्तिबोध की एक ऐसी ही कविता है, जिसमें उनकी काव्यात्मक शक्ति के अनेक तत्त्व घुल-मिलकर एक महान रचना की सृष्टि करते हैं, जो रोमानी होते हुए भी अत्यधिक यथार्थवादी और एकदम आधुनिक है। और किसी भी कसौटी पर उसको जाँचा जाये, मैं कहूँगा कि वह आधुनिक युग की कविताओं में सर्वोपरि ठहरती है। उसके बिम्ब और प्रतीक और संकेत और सन्दर्भ, शब्द और ध्वनिचित्र, बड़ी गहरी और विविध गूँजें हमारी भावनाओं में भर जाते हैं। उसमें मुक्तिबोध का कवि-व्यक्तित्व वॉल्ट व्हिटमैन और मायकॅवस्की के शिल्प और शक्ति से टक्कर लेता है, और अपनी जमीन पर अप्रतिहत और अद्वितीय रहता है। इस कविता का हमारी अमर राष्ट्रीय कविताओं में शुमार होगा, मुझे इसमें किंचित भी सन्देह नहीं। हिन्दी के स्वस्थतम आधुनिक काव्य-सृष्टि का यह सर्वोपरि विजय-चिह्न है।

परिशिष्ट

अँधेरे में

जिन्दगी के...
कमरों में अँधेरे
कोई एक लगातार ;
लगाता है चक्कर
आवाज पैरों की देती है सुनायी
बार-बार...बार-बार,
वह नहीं दीखता...नहीं ही दीखता,
किन्तु, वह रहा घूम
तिलिस्मी खोह में गिरफ्तार कोई एक,
भीत-पार आती हुई पास से,
गहन रहस्यमय अन्धकार ध्वनि-सा
अस्तित्व जनाता
अनिवार कोई एक,
और मेरे हृदय की धक्-धक्
पूछती है—वह कौन
सुनायी जो देता, पर नहीं देता दिखायी !
इतने में अकस्मात गिरते हैं भीत से
फूले हुए पलिस्तर,
खिरती है चूने-भरी रेत
खिसकती हैं पपड़ियाँ इस तरह–
खुद-ब-खुद
कोई बड़ा चेहरा बन जाता है,
स्वयमपि
मुख बन जाता है दिवाल पर,
नुकीली नाक और

भव्य ललाट है,
दृढ़ हनु,
कोई अनजानी अन-पहचानी आकृति।
कौन वह दिखायी जो देता, पर
नहीं जाना जाता है !
कौन मनु ?

बाहर शहर के, पहाड़ी के उस पार, तालाब. . .
अँधेरा सब ओर,
निस्तब्ध जल,
पर, भीतर से उभरती है सहसा
सलिल के तम-श्याम शीशे में कोई श्वेत आकृति
कुहरीला कोई बड़ा चेहरा फैल जाता है
और मुसकाता है,
पहचान बताता है,
किन्तु, मैं हतप्रभ,
नहीं वह समझ में आता।

अरे ! अरे ! !
तालाब के आस-पास अँधेरे में वन-वृक्ष
चमक-चमक उठते हैं हरे-हरे अचानक
वृक्षों के शीश पर नाच-नाच उठती हैं बिजलियाँ,
शाखाएँ, डालियाँ झूमकर झपटकर
चीख, एक दूसरे पर पटकती हैं सिर कि अकस्मात्–
वृक्षों के अँधेरे में छिपी हुई किसी एक
तिलिस्मी खोह का शिला-द्वार
खुलता है धड़ से
. . . .
घुसती है लाल-लाल मशाल अजीब-सी,
अन्तराल-विवर के तम में
लाल-लाल कुहरा,
कुहरे में, सामने, रक्तालोक-स्नात पुरुष एक,

रहस्य साक्षात् !

तेजो प्रभावमय उसका ललाट देख
मेरे अंग-अंग में अजीब एक थरथर
गौरवर्ण, दीप्त-दृग, सौम्य-मुख
सम्भावित स्नेह-सा प्रिय-रूप देखकर
विलक्षण शंका,
भव्य आजानुभुज देखते ही साक्षात्
गहन एक सन्देह।

वह रहस्यमय व्यक्ति
अब तक न पायी गयी मेरी अभिव्यक्ति है,
पूर्ण अवस्था वह
निज-सम्भावनाओं, निहित प्रभावों, प्रतिमाओं की,
मेरे परिपूर्ण का आविर्भाव,
हृदय में रिस रहे ज्ञान का तनाव वह,
आत्मा की प्रतिमा।

किंतु वह फटे हुए वस्त्र क्यों पहने है?
उसका स्वर्ण-वर्ण मुख मैला क्यों?
वक्ष पर इतना बड़ा घाव कैसे हो गया?
उसने कारावास-दुःख झेला क्यों?
उसकी इतनी भयानक स्थिति क्यों है?
रोटी उसे कौन पहुँचाता है?
कौन पानी देता है?
फिर भी उसके मुख पर स्मित क्यों है?
प्रचंड शक्तिमान क्यों दिखाई देता है?

प्रश्न थे गम्भीर, शायद खतरनाक भी,
इसीलिए बाहर के गुंजान
जंगलों से आती हुई हवा ने
फूँक मार एकाएक मशाल ही बुझा दी–

कि मुझको यों अँधेरे में पकड़कर
मौत की सज़ा दी!

किसी काले डैश की घनी काली पट्टी ही
आँखों पर बध गयी,
किसी खड़ी पाई की सूली पर मैं टाँग दिया गया,
किसी शून्य बिन्दु के अँधियारे खड्डे में
गिरा दिया गया मैं
अचेतन स्थिति में!

2

सूनापन सिहरा,
अँधेरे में ध्वनियों के बुलबले उभरे,
शून्य के मुख पर सलवटें स्वर की,
मेरे ही उर पर, धँसाती हुई सिर,
छटपटा रही हैं शब्दों की लहरें
मीठी है दुःसह!!
अरे, हाँ, साँकल ही रह-रह
बजती है द्वार पर।
कोई मेरी बात मुझे बताने के लिए ही
बुलाता है–बुलाता है
(हृदय को सहला मानो किसी जटिल
प्रसंग में सहसा होंठों पर
होंठ रख, कोई सच-सच बात
सीधे-सीधे कहने को तड़प जाय, और फिर
वही बात सुनकर धँस जाय मेरा जी–
इस तरह, साँकल ही रह-रह बजती है द्वार पर)
आधी रात, इतने अँधेरे में, कौन आया मिलने?
विमन प्रतीक्षातुर, कुहरे में घिरा हुआ
द्युतिमय मुख—वह प्रेमभरा चेहरा—
भोला-भाला भाव—

पहचानता हूँ बाहर जो खड़ा है ! !
यह वही व्यक्ति है, जी हाँ !
जो मुझे तिलिस्मी खोह में दिखा था।
अवसर-अनवसर
प्रकट जो होता ही रहता
मेरी सुविधाओं का न तनिक ख़याल कर !
चाहे जहाँ, चाहे जिस समय उपस्थित,
चाहे जिस रूप में
चाहे जिन प्रतीकों में प्रस्तुत,
इशारे से बताता है, समझाता रहता,
हृदय को देता है बिजली के झटके ! !
अरे, उसके चेहरे पर खिलती हैं सुबहें,
गालों पर चट्टानी चमक पठार की
आँखों में किरणीली शान्ति की लहरें,
उसे देख, प्यार उमड़ता है अनायास !
लगता है—दरवाज़ा खोलकर
बाँहों में कस लूँ
हृदय में रख लूँ
घुल जाऊँ, मिल जाऊँ लिपटकर उससे
परन्तु, भयानक खड्डे के अँधेरे में आहत
और क्षत-विक्षत, मैं पड़ा हुआ हूँ,
शक्ति ही नहीं है कि उठ सकूँ ज़रा भी
(यह भी तो सही है कि
कमज़ोरियों से ही लगाव है मुझको)
इसीलिए टालता हूँ उस मेरे प्रिय को
कतराता रहता,
डरता हूँ उससे।
वह बिठा देता है तुंग शिखर के
ख़तरनाक, खुरदरे कगार-तट पर
शोचनीय स्थिति में ही छोड़ देता मुझको।
कहता है–"पार करो, पर्वत-सन्धि के गह्वर,
रस्सी के पुल पर चलकर

दूर उस शिखर-कगार पर स्वयं ही पहुँचो !"
अरे भाई, मुझे नहीं चाहिए शिखरों की यात्रा,
मुझे डर लगता है ऊँचाइयों से
बजने दो साँकल!!
उठने दो अँधेरे में ध्वनियों के बुलबुले,
वह जन. . .वैसे ही
आप चला जायेगा आया था जैसा।
खड्डे के अँधेरे में मैं पड़ा रहूँगा
पीड़ाएँ समेटे ! !
क्या करूँ, क्या नहीं करूँ मुझे बताओ;
इस तम-शून्य में तैरती है जगत-समीक्षा
की हुई उसकी
(सह नहीं सकता)
विवेक-विक्षोभ महान उसका
तम-अन्तराल में (सह नहीं सकता)
अँधियारे मुझमें द्युति-आकृति-सा
भविष्य का नक्शा दिया हुआ उसका
सह नहीं सकता ! !
नहीं, नहीं, उसको मैं छोड़ नहीं सकूँगा,
सहना पड़े मुझे चाहे जो भले ही।

कमज़ोर घुटनों को बार-बार मसल,
लड़खड़ाता हुआ मैं
उठता हूँ दरवाज़ा खोलने,
चेहरे के रक्त-हीन विचित्र शून्य को गहरे
पोछता हूँ हाथ से,
अँधेरे के ओर-छोर टटोल-टटोलकर
बढ़ता हूँ आगे,
पैरों से महसूस करता हूँ धरती का फैलाव,
हाथों से महसूस करता हूँ दिशाएँ
साँसों से अनुभव करता
हूँ दुनिया

मस्तक अनुभव करता है आकाश,
दिल में तड़पता है अँधेरे का अन्दाज़,
आँखें ये तथ्य को सूँघती-सी लगतीं,
केवल शक्ति है स्पर्श की गहरी।
आत्मा में, भीषण
सत्-चित्-वेदना जल उठी, दहकी।
विचार हो गये विचरण-सहचर।
बढ़ता हूँ आगे,
चलता हूँ सँभल-सँभलकर,
द्वार टटोलता,
जंग-खायी, जमी हुई, जबरन
सिटकनी हिलाकर
ज़ोर लगा, दरवाजा खोलता
झाँकता हूँ बाहर . . .

सूनी है राह, अजीब है फैलाव,
सर्द अँधेरा।
ढीली आँखों से देखते हैं विश्व
उदास तारे।
हर बार सोच और हर बार अफ़सोस
हर बार फ़िक्र
के कारण बढ़े हुए दर्द का मानो कि दूर वहाँ, दूर वहाँ
अँधियारा पीपल देता है पहरा।
हवाओं की निः संग लहरों में काँपती
कुत्तों की दूर-दूर अलग-अलग आवाज़,
टकराती रहती सियारों की ध्वनि से।
काँपती हैं दूरियाँ, गूँजते हैं फ़ासले
(बाहर कोई नहीं, कोई नहीं बाहर)

इतने में अँधियारे सूने में कोई चीख़ गया है
रात का पक्षी
कहता है. . .

"वह चला गया है,
वह नहीं आयेगा, आयेगा ही नहीं
अब तेरे द्वार पर।
वह निकल गया है गाँव में शहर में!
उसको तू खोज अब
उसका तू शोध कर!
वह तेरी पूर्णतम परम अभिव्यक्ति,
उसका तू शिष्य है (यद्यपि पलातक . .)
वह तेरी गुरु है,
गुरु है. . ."

3

समझ न पाया कि चल रहा स्वप्न या
जागृति शुरू है।
दिया जल रहा है,
पीतालोक-प्रसार में काल गल रहा है,
आस-पास फैली हुई जग-आकृतियाँ
लगती हैं छपी हुई जड़ चित्राकृतियों-सी
अलग व दूर-दूर
निर्जीव!!
यह सिविल लाइन्स है। मैं अपने कमरे में
यहाँ पड़ा हुआ हूँ।
आँखें खुली हुई हैं,
पीटे गये बालक-सा मार खाया चेहरा
उदास इकहरा,
स्लेट-पट्टी पर खींची गयी तस्वीर
भूत-जैसी आकृति—
क्यां वह मैं हूँ?
मैं हूँ?

रात के दो हैं,

दूर-दूर जंगल में सियारों का हो-हो,
पास-पास आती हुई घहराती गूँजती
किसी रेलगाड़ी के पहियों की आवाज ! !
किसी अनपेक्षित
असम्भव घटना का भयानक सन्देह,
अचेतन प्रतीक्षा,
कहीं कोई रेल-एक्सीडेण्ट न हो जाय।
चिन्ता के गणित अंक
आसमानी-स्लेट-पट्टी पर चमकते
खिड़की से दीखते।

. . . .

हाय ! हाय ! तॉल्स्तॉय
कैसे मुझे दीख गये
सितारों के बीच-बीच
घूमते व रुकते
पृथ्वी को देखते।

शायद तॉल्स्तॉय-नुमा
कोई वह आदमी
और है,
मेरे किसी भीतरी धागे का आख़िरी छोर वह,
अनलिखे मेरे उपन्यास का
केन्द्रीय संवेदन
दबी हाय-हाय-नुमा।
शायद, तॉल्स्तॉय-नुमा।

प्रोसेशन ?
निस्तब्ध नगर के मध्य-रात्रि-अँधेरे में सुनसान
किसी दूर बैण्ड की दबी हुई क्रमागत तान-धुन,
मन्द-तार उच्च-निम्न स्वर-स्वप्न,
उदास-उदास ध्वनि-तरंगें हैं गम्भीर,
दीर्घ लहरियाँ ! !

गैलरी में जाता हूँ देखता हूँ रास्ता
वह कोलतार-पथ अथवा
मरी हुई खिंची हुई कोई काली जिह्वा
बिजली के द्युतिमान दिये या
मरे हुए दाँतों का चमकदार नमूना !

किन्तु, दूर सड़क के उस छोर
शीत-भरे थर्राते तारे के अँधियारे तल में
नील तेज-उद्‌भास
पास-पास पास-पास
आ रहा इस ओर !
दबी हुई गम्भीर स्वर-स्वप्न-तरंगें,
उदास तान-धुन शत-ध्वनि-संगम-संगीत
उदास तान-धुन
समीप आ रहा ! !

और, अब
गैस-लाइट-पाँतों की बिन्दुएँ छिटकीं,
बीचो-बीच उनके
साँवले जुलूस-सा क्या-कुछ दीखता ! !

और अब
गैस-लाइट-निलाई में रँगे हुए अपार्थिव चेहरे,
बैण्ड-दल
उनके पीछे काले-काले बलवान घोड़ों का जत्था
दीखता,
घना व डरावना अवचेतन ही
जुलूस में चलता।
क्या शोभा-यात्रा
किसी मृत्यु-दल की ?

अजीब ! !

दोनों ओर, नीली गैस-लाइट-पाँत
रही जल, रही जल।
नींद में खोये हुए शहर की गहन अवचेतना में
हलचल, पाताली तल में
चमकदार साँपों की उठती हुई लगातार
लकीरों की वारदात!!
सब , सोये हुए हैं।
लेकिन, मैं जाग रहा, देख रहा
रोमांचकारी वह जादुई करामात!!

विचित्र प्रोसेशन,
गम्भीर क्विक मार्च...
कलाबत्तूवाला काला जरीदार ड्रेस पहने
चमकदार बैण्ड-दल—
अस्थि-रूप, यकृत-स्वरूप, उदर-आकृति
आँतों के जालों से, बाजे वे दमकते हैं भयंकर
गम्भीर गीत-स्व-तरंगें
उभारते रहते,
ध्वनियों के आवर्त मँडराते पथ पर।
बैण्ड के लोगों के चेहरे
मिलते हैं मेरे देखे हुओं-से,
लगता है उनमें कई प्रतिष्ठित पत्रकार
इसी नगर के!!
बड़े-बड़े नाम अरे, कैसे शामिल हो गये इस बैण्ड-दल में!!
उनके पीछे चल रहा
संगीन-नोकों का चमकता जंगल,
चल रही पदचाप, ताल-बद्ध दीर्घ पाँत
टैंक-दल, मोर्टार, ऑर्टिलरी, सन्नद्ध,
धीरे-धीरे बढ़ रहा जुलूस भयावना,
सैनिकों के पथराये चेहरे
चिढ़े हुए, झुलसे हुए, बिगड़े हुए गहरे!
शायद, मैंने उन्हें पहले भी तो कहीं देखा था।

शायद, उनमें मेरे कई परिचित ! !
उनके पीछे यह क्या ! !
कैवेलरी ! !
काले-काले घोड़ों पर ख़ाकी मिलिटरी ड्रैस,
चेहरे का आधा भाग सिन्दूरी-गेरुआ
आधा भाग कोलतारी भैरव,
आबदार ! !
कन्धे से कमर तक कारतूसी बेल्ट है तिरछा।
कमर में, चमड़े के कवर में पिस्तौल,
रोष-भरी एकाग्रदृष्टि में धार है,
कर्नल, ब्रिगेडियर, जनरल मॉर्शल
कई और सेनापति सेनाध्यक्ष
चेहरे वे मेरे जाने-बूझे-से लगते,
उनके चित्र समाचारपत्रों में छपे थे,
उनके लेख देखे थे,
यहाँ तक कि कविताएँ पढ़ी थीं
भई वाह !
उनमें कई प्रकाण्ड आलोचक, विचारक, जगमगाते कवि-गण
मन्त्री भी, उद्योगपति और विद्वान्
यहाँ तक कि शहर का हत्यारा कुख्यात
डोमा जी उस्ताद
बनता है बलबन
हाय, हाय ! !
यहाँ ये दीखते हैं भूत-पिशाच-काय।
भीतर का राक्षसी स्वार्थ अब
साफ उभर आया है,
छिपे हुए उद्देश्य
यहाँ निखर आये हैं,
यह शोभा-यात्रा है किसी मृत्यु-दल की।
(विचारों की फिरकी सिर में घूमती है।)
इतने में प्रोसेशन में से कुछ मेरी ओर
आँखें उठीं मेरी ओर-भर,

हृदय में मानो कि संगीन नोकें ही घुस पड़ीं बर्बर,
सड़क पर उठ खड़ा हो गया कोई शोर—
"मारो गोली, दाग़ो स्साले को एकदम
दुनिया की नज़रों से हटकर
छिपे तरीके से
हम जा रहे थे कि
आधी रात—अँधेरे में उसने
देख लिया हमको
व जान गया वह सब
मार डालो, उसको खत्म करो एकदम।"
रास्ते पर भाग-दौड़ धका-पेल !!
गैलरी से भागा मैं पसीने से सराबोर!!

एकाएक टूट गया स्वप्न व छिन्न-भिन्न
हो गये सब चित्र
जागते में फिर से याद आने लगा वह स्वप्न,
फिर से याद आने लगे अँधेरे में चेहरे,
और, तब मुझे प्रतीत हुआ भयानक
गहन मृतात्माएँ इसी नगर की
हर रात जुलूस में चलतीं,
परन्तु, दिन में
बैठती हैं मिलकर करती हुई षड्यन्त्र
विभिन्न दफ्तरों-कार्यालयों, केन्द्रों में, घरों में।
हाय, हाय! मैंने उन्हें देख लिया नंगा,
इसकी मुझे और सज़ा मिलेगी।

4

अकस्मात्
चार का गजर कहीं खड़का,
मेरा दिल धड़का,

उदास मटमैला मनरूपी वल्मीक
चल-विचल हुआ सहसा।
अगिनत काली-काली हायफ़न-डैशों की लीकें
बाहर निकल पड़ीं, अन्दर घुस पड़ीं भयभीत,
सब ओर बिखराव।
मैं अपने कमरे में यहाँ लेटा हुआ हूँ।
काले-काले शहतीर छत के
हृदय दबोचते।
यद्यपि आँगन में नल जोर मारता,
जल खखारता।
किन्तु, न शरीर में बल है
अँधेरे में गल रहा दिल यह।

एकाएक मुझे भान होता है जग का,
अखबारी दुनिया का फैलाव,
फँसाव, घिराव, तनाव है सब ओर,
पत्ते न खड़के,
सेना ने घेर ली हैं सड़कें।
बुद्धि की मेरी रग
गिनती है समय की धक-धक।
यह सब क्या है?
किसी जन-क्रान्ति के दमन-निमित्त यह
मार्शल-लॉ है !!

दम छोड़ रहे हैं भाग गलियों में मरे पैर,
साँस लगी हुई है,
ज़माने की जीभ निकल पड़ी है,
कोई मेरा पीछा कर रहा है लगातार।
भागता मैं दम छोड़,
घूम गया कई मोड़,
चौराहा दूर से ही दीखता,
वहाँ शायद कोई सैनिक पहरेदार

नहीं होगा फ़िलहाल।
दीखता है सामने ही अन्धकार-स्तूप-सा
भयंकर बरगद—
सभी उपेक्षितों, समस्त वंचितों,
गरीबों का वही घर, वही छत,
उसके ही तल-खोह-अँधेरे में सो रहे
गृह-हीन कई प्राण।
अँधेरे में डूब गये
डालों में लटके जो मटमैले चिथड़े
किसी एक अति दीन
पागल के धन वे।
हाँ, वहाँ रहता है, सिर-फिरा एक जन।

किन्तु, आज इस रात बात अजीब है।
वही जो सिर-फिरा पागल क़तई था
आज एकाएक वह
जागरित बुद्धि है, प्रज्वलत्-धी है।
छोड़ सिर-फिरापन,
बहुत ऊँचे गले से,
गा रहा कोई पद, कोई गान
आत्मोद्‌बोधमय!!
ख़ूब भई, ख़ूब भई,
जानता क्या वह भी कि
सैनिक प्रशासन है नगर में वाकई!
क्या उसकी बुद्धि भी जग गयी!!

(करुण रसाल वे हृदय के स्वर हैं
गद्यानुवाद यहाँ उनका दिया जा रहा)

"...ओ मेरे आदर्शवादी मन,
ओ मेरे सिद्धान्तवादी मन,
अब तक क्या किया?

जीवन क्या जिया ! !

उदरम्भरि बन अनात्म बन गये,
भूतों की शादी में कनात-से तन गये,
किसी व्यभिचारी के बन गये बिस्तर,

दु :खों के दाग़ों को तमग़ों-सा पहना,
अपने ही ख़यालों में दिन-रात रहना,
असंग बुद्धि व अकेले में सहना,
ज़िन्दगी निष्क्रिय बन गयी तलघर,

अब तक क्या किया,
जीवन क्या जिया ! !

बताओ तो किस-किसके लिए तुम दौड़ गये,
करुणा के दृश्यों से हाय ! मुँह मोड़ गये,
बन गये पत्थर,
बहुत-बहुत ज्यादा लिया,
दिया बहुत-बहुत कम;
मर गया देश, अरे जीवित रह गये तुम ! !
लोकहित-पिता को घर से निकाल दिया,
जन-मन-करुणा-सी माँ को हंकाल दिया,
स्वार्थों के टेरियर कुत्तों को पाल लिया,
भावना के कर्त्तव्य– त्याग दिये,
हृदय के मन्तव्य—मार डाले !
बुद्धि का भाल ही फोड़ दिया,
तर्कों के हाथ उखाड़ दिये,
जम गये, जाम हुए, फँस गये,
अपने ही कीचड़ में धँस गये ! !
विवेक बघार डाला स्वार्थों के तेल में
आदर्श खा गये।

अब तक क्या किया,
जीवन क्या जिया,
ज़्यादा लिया और दिया बहुत-बहुत कम
मर गया देश, अरे जीवित रह गये तुम ! !

मेरा सिर गरम है,
इसीलिए भरम है।
सपनों में चलता है आलोचन,
विचारों के चित्रों की अवलि में चिन्तन।
निजत्व-माफ़ है बेचैन,
क्या करूँ, किससे कहूँ,
कहाँ जाऊँ दिल्ली या उज्जैन ?

वैदिक ऋषि शुनःशेप के
शापभ्रष्ट पिता अजीगर्त समान ही
व्यक्तित्व अपना ही, अपने से खोया हुआ
वही उसे अकस्मात् मिलता था रात में,
पागल था दिन में
सिर-फिरा विक्षिप्त मस्तिष्क।

हाय, हाय !
उसने भी यह क्या गा दिया,
यह उसने क्या नया ला दिया,
प्रत्यक्ष,
मैं खड़ा हो गया
किसी छाया मूर्ति-सा समक्ष स्वयं के
होने लगी बहस और
लगने लगे परस्पर तमाचे।
छिः, पागलपन है,
वृथा आलोचन है।

गलियों में अन्धकार भयावह—

मानो मेरे कारण ही लग गया
मॉर्शल-लॉ वह,
मानो मेरी निष्क्रिय संज्ञा ने संकट बुलाया,
मानो मेरे कारण ही दुर्घट
हुई यह घटना।
चक्र से चक्र लगा हुआ है. . .
जितना ही तीव्र है द्वन्द्व क्रियाओं घटनाओं का
बाहरी दुनिया में,
उतनी ही तेजी से भीतरी दुनिया में,
चलता है द्वन्द्व कि
फ़िक्र से फ़िक्र लगी हुई है।
आज उस पागल ने मेरी चैन भुला दी,
मेरी नींद गवाँ दी।

मैं इस बरगद के पास खड़ा हूँ।
मेरा यह चेहरा
धुलता है जाने किस अथाह गम्भीर, साँवले जल से,
झुके हुए गुमसुम टूटे हुए घरों के
तिमिर अतल से
धुलता है मन यह।
रात्रि के श्यामल ओस से क्षालित
कोइ गुरु-गम्भीर महान् अस्तित्व
महकता है लगातार
मानो खँडहर-प्रसारों में उद्यान
गुलाब-चमेली के, रात्रि-तिमिर में,
महकते हों, महकते ही रहते हों हर पल।
किन्तु वे उद्यान कहाँ हैं,
अँधेरे में पता नहीं चलता।
मात्र सुगन्ध है सब ओर,
पर, उस महक–लहर में
कोई छिपी वेदना, कोई गुप्त चिन्ता
छटपटा रही है।

5

एकाएक मुझे भान ! !
पीछे से किसी अजनबी ने
कन्धे पर हाथ रखा
चौंकता मैं भयानक
एकाएक थरथर रेंग गयी सिर तक,
नहीं, नहीं। ऊपर से गिरकर
कंधे पर बैठ गया बरगद-पात एक,
क्या वह संकेत, क्या वह इशारा ?
क्या वह चिट्ठी है किसी की ?
कौन-सा इंगित ?

भागता मैं दम छोड़,
घूम गया कई मोड़ ! !
बन्दूक धाँय-धाँय
मकानों के ऊपर प्रकाश-सा छा रहा गेरुआ।
भागता मैं दम छोड़
घूम गया कई मोड़।
घूम गयी पृथ्वी, घूम गया आकाश,
और फिर, किसी एक मुँदे हुए घर की
पत्थर, सीढ़ी दिख गयी, उस पार
चुपचाप बैठ गया सिर पकड़कर ! !
दिमाग़ में चक्कर,
चक्कर. . .भँवरें
भँवरों के गोल-गोल केन्द्र में दीखा
स्वप्न सरीखा—

भूमि की सतहों के बहुत-बहुत नीचे
अँधियारी एकान्त
प्राकृत गुहा एक।

विस्तृत खोह के साँवले तल में
तिमिर को भेदकर चमकते हैं पत्थर
मणि तेजस्क्रिय रेडियो-एक्टिव रत्न भी बिखरे,
झरता है जिन पर प्रबल प्रपात एक।
प्राकृत जल वह आवेग-भरा है,
द्युतिमान् मणियों की अग्नियों पर से
फिसल-फिसलकर बहती लहरें,
लहरों के तल में से फूटती हैं किरनें,
रत्नों की रंगीन रूपों की आभा
फूट निकलती
खोह की बेडौल भीतें हैं झिलमिल ! !

पाता हूँ निज को खोह के भीतर,
विलुब्ध नेत्रों से देखता हूँ द्युतियाँ,
मणि तेजस्क्रिय हाथों में लेकर
विभोर आँखों से देखता हूँ उनको. . .
पाता हूँ अकस्मात्
दीप्ति में वलयित रत्न वे नहीं हैं
अनुभव, वेदना, विवेक-निष्कर्ष,
मेरे ही अपने यहाँ पड़े हुए हैं
विचारों की रक्तिम अग्नि के मणि वे
प्राण-जल-प्रपात में घुलते हैं प्रतिपल
अकेले में किरणों की गीली है हलचल
गीली है हलचल ! !

हाय, हाय ! मैंने उन्हें गुहा-वास दे दिया
लोक-हित क्षेत्र से कर दिया वंचित
जनोपयोग से वर्जित किया और
निषिद्ध कर दिया
खोह में डाल दिया ! !
वे खतरनाक थे,
(बच्चे भीख माँगते) खैर. . .

यह न समय है,
जूझना ही तै है।

6

सीन बदलता है,
सुनसान चौराहा साँवला फैला,
बीच में वीरान गेरुआ घण्टाघर,
ऊपर कत्थई बुजुर्ग गुम्बद,
साँवली हवाओं में काल टहलता है।
रात में पीले हैं चार घड़ी चेहरे,
मिनिट के काँटों की चार अलग गतियाँ,
चार अलग कोण,
कि चार अलग संकेत
(मानस् में गतिमान् चार अलग मतियाँ)
खम्भों पर बिजली की गरदनें लटकीं,
शर्म से जलते हुए बल्बों के आस-पास
बेचैन खयालों के पंखों के कीड़े
उड़ते हैं गोल-गोल
मचल-मचलकर।
घण्टाघर तले ही
पंखों के टुकड़े बीट व तिनके।
गुम्बद-विवर में बैठे हुए बूढ़े
असम्भव पक्षी
बहुत तेज़ नज़रों से देखते हैं सब ओर,
मानो कि इरादे
भयानक चमकते।
सुनसान चौराहा,
बिखरी हैं गतियाँ, बिखरी है रफ्तार,
गश्त में घूमती है कोई दुष्ट इच्छा।
भयानक सिपाही जाने किस थकी हुई झोंक में
अँधेरे में सुलगाता सिगरेट अचानक

ताँबे से चेहरे की ऐंठ झलकती।
पथरीली सलवट
दियासलाई की पल-भर लौ में
साँप-सी लगती।
पर उसके चेहरे का रंग बदलता है हर बार,
मानों अनपेक्षित कहीं न कुछ हो...
वह ताक रहा है...
संगीन नोकों पर टिका हुआ
साँवला बन्दूक-जत्था
गोल त्रिकोण एक बनाये खड़ा जो
चौक के बीच में!!
एक ओर
टैंकों का दस्ता भी खड़े-खड़े ऊँघता,
परन्तु अड़ा है!!

भागता मैं दम छोड़,
घूम गया कई मोड़।
भागती है चप्पल, चटपट आवाज
चाँटों-सी पड़ती।
पैरों के नीचे का कीच उछलकर
चेहरे पर, छाती पर पड़ता है सहसा,
ग्लानि की मितली।
गलियों का गोल-गोल खोह-अँधेरा
चेहरे पर, आँखों पर करता है हमला।
अजीब उमस-बास
गलियों का रुँधा हुआ उच्छ्वास
भागता हूँ दम छोड़,
घूम गया कई मोड़।
धुँधले से आकार कहीं-कहीं दीखते,
भय के? या घर के? कह नहीं सकता
आता है अकस्मात् कोलतार रास्ता
लम्बा व चौड़ा व स्याह व ठण्डा,

बेचैन आँखें ये देखती हैं सब ओर।
कहीं कोई नहीं है,
नहीं कहीं कोई भी।
श्याम आकाश में, संकेत-भाषा-सी तारों की आँखें
चमचमा रही हैं।

मेरा दिल ढिबरी-सा टिमटिमा रहा है।
कोई मुझे खींचता है रास्ते के बीच ही।
जादू से बँधा हुआ चल पड़ा उस **ओर**
सपाट सूने में ऊँची-सी खड़ी जो
तिलक की पाषाण-मूर्ति है निःसंग
स्तब्ध जड़ीभूत...
देखता हूँ उसको परन्तु, ज्यों ही मैं पास पहुँचता
पाषाण-पीठिका हिलती-सी लगती
अरे, अरे, यह क्या!!
कण-कण काँप रहे जिनमें से झरते
नीले इलेक्ट्रॉन
सब ओर गिर रही हैं चिनगियाँ नीली
मूर्ति के तन से झरते हैं अंगार।
मुस्कान पत्थरी होंठों पर काँपी,
आँखों में बिजली के फूल सुलगते।

इतने में यह क्या!!
भव्य ललाट की नासिका में से
बह रहा खून न जाने कब से
लाल-लाल गरमीला रक्त टपकता
(खून के धब्बों से भरा अँगरखा)
मानो कि अतिशय चिन्ता के कारण
मस्तक-कोष ही फूट पड़े सहसा
मस्तक-रक्त ही बह उठा नासिका में से।
हाय, हाय, पितः पितः ओ,
चिन्ता में इतने न उलझो

हम अभी ज़िन्दा हैं ज़िन्दा,
चिन्ता क्या है ! !
मैं उस पाषाण मूर्ति के ठण्डे
पैरों को छाती से बरबस चिपका
रुआँसा-सा होता
देह में तन गये करुणा के काँटे
छाती पर, सिर पर, बाँहों पर मेरे
गिरती हैं नीली
बिजली की चिनगियाँ
रक्त टपकता है हृदय में मेरे
आत्मा में बहता-सा लगता
खून का तालाब।
इतने में छाती में भीतर ठक्-ठक्
सिर में है धड़-धड़ ! ! कट रही हड्डी ! !
फ़िक्र ज़बरदस्त ! !
विवेक चलाता तीखा-सा रन्दा
चल रहा बसूला
छीले जा रहा मेरा यह निजत्व ही कोई
भयानक ज़िद कोई जाग उठी मेरे भी अन्दर
हठ कोई बड़ा भारी उठ खड़ा हुआ है।

इतने में आसमान काँपा व धाँय-धाँय
बन्दूक-धड़ाका
बिजली की रफ़्तार पैरों में घूम गयी।
खोहों-सी गलियों के अँधेरे में एक ओर
मैं थक बैठ गया,
सोचने-विचारने।
अँधेरे में डूबे मकानों के छप्परों पार से
रोने की पतली-सी आवाज
सूने में काँप रही काँप रही दूर तक
कराहों की लहरों में पाशव प्राकृत
वेदना भयानक थरथरा रही है।

मैं उसे सुनने का करता हूँ यत्न
कि देखता क्या हूँ—
सामने मेरे
सर्दी में बोरे को ओढ़कर
कोई एक अपने
हाथ-पैर समेटे
काँप रहा, हिल रहा—वह मर जायगा!!
इतने में वह सिर खोलता है सहसा
बाल बिखरते,
दीखते हैं कान कि
फिर मुँह खोलता है, वह कुछ
बुदबुदा रहा है,
किन्तु, मैं सुनता ही नहीं हूँ।
ध्यान से देखता हूँ—वह कोई परिचित,
जिसे खूब देखा था, निरखा था कई बार
पर, पाया नहीं था।
अरे हाँ, वह तो...
विचार उठते ही दब गये,
सोचने का साहस सब चला गया है।
वह मुख—अरे, वह मुख, वे गान्धी जी!!
इस तरह पंगु!!
आश्चर्य!!
नहीं, नहीं वे जाँच-पड़ताल
रूप बदलकर करते हैं चुपचाप।
सुराग़रसी-सी कुछ।

अँधेरे की स्याही में डूबे हुए देव को सम्मुख पाकर
मैं अति दीन हो जाता हूँ पास कि
बिजली का झटका
कहता है–"भाग जा, हट जा
हम हैं गुजर गये जमाने के चेहरे

आगे तू बढ़ जा।"
किन्तु, मैं देखा किया उस मुख को।
गम्भीर दृढ़ता की सलवटें वैसी ही,
शब्दों में गुरुता।

वे कह रहे हैं—
"दुनिया न कचरे का ढेर कि जिस पर
दानों को चुगने चढ़ा हुआ कोई भी कुक्कुट
कोई भी मुरग़ा
यदि बाँग दे उठे जोरदार
बन जाये मसीहा"
वे कह रहे हैं–
"मिट्टी के लोंदे में किरगीले कण-कण
गुण हैं,
जनता के गुणों से ही सम्भव
भावी का उद्‌भव "
गम्भीर शब्द वे और आगे बढ़ गये,
जाने क्या कह गये!!
मैं अति उद्विग्न!

एकाएक उठ पड़ा आत्मा का पिंजर
मूर्ति की ठठरी।
नाक पर चश्मा, हाथ में डण्डा,
कन्धे पर बोरा, बाँह में बच्चा।
आश्चर्य! अद्‌भुत! यह शिशु कैसे!!
मुसकरा उस द्युति-पुरुष ने कहा तब—
"मेरे पास चुपचाप सोया हुआ यह था।
सँभालना इसको, सुरक्षित रखना"

मैं कुछ कहने को होता हूँ इतने में वहां पर
कहीं कोई नहीं है, कहीं कोई नहीं है।
और ज्यादा गहरा व और ज्यादा अकेला

अँधेरे का फैलाव !
बालक लिपटा है मेरे इस गले से चुपचाप,
छाती से कन्धे से चिपका है नन्हा-सा आकाश
स्पर्श है सुकुमार प्यार-भरा कोमल,
किन्तु, है भार का गम्भीर अनुभव।
भावी की गन्ध और दूरियाँ अँधेरी
आकाशी तारों के साथ लिये हुए मैं
चला जा रहा हूँ
घुसता ही जाता हूँ फ़ासलों की खोहों की तहों में।

सहसा रो उठा कन्धे पर वह शिशु
अरे, अरे, वह स्वर अतिशय परिचित ! !
पहले भी कई बार कहीं तो भी सुना था,
उसमें तो स्फोटक क्षोभ का आवेगा।
गहरी है शिकायत,
क्रोध भयंकर।
मुझे डर यदि कोई वह स्वर सुन ले
हम दोनों फिर कहीं नहीं रह सकेंगे।
मैं पुचकारता हूँ, बहुत दुलारता;
समझाने के लिए तब गाता हूँ गाने,
अधभूली लोरी ही होंठों से फूटती !
मैं चुप करने की जितनी भी करता हूँ कोशिश,
और-और चीख़ता है क्रोध से लगातार ! !
गरम-गरम अश्रु टपकते हैं मुझपर।

किन्तु, न जाने क्यों खुश बहुत हूँ।
जिसको न मैं इस जीवन में कर पाया,
वह कर रहा है।
मैं शिशु पीठ को थपथपा रहा हूँ
आत्मा है गीली।
पैर आगे बढ़ रहे, मन आगे जा रहा।
डूबता हूँ मैं किसी भीतरी सोच में—

हृदय के थाले में रक्त का तालाब,
रक्त में डूबी हैं द्युतिमान् मणियाँ,
रुधिर से फूट रहीं लाल-लाल किरणें,
अनुभव-रक्त में डूबे हैं संकल्प,
और ये संकल्प
चलते हैं साथ-साथ।
अँधियारी गलियों में चला जा रहा हूँ।

इतने में पाता हूँ अँधेरे में सहसा
कन्धे पर कुछ नहीं!!
वह शिशु
चला गया जाने कहाँ,
और अब उसके ही स्थान पर
मात्र हैं सूरजमुखी फूल-गुच्छे।
उन स्वर्ण-पुष्पों से प्रकाश-विकीरण
कन्धों पर, सिर पर, गालों पर, तन पर,
रास्ते पर, फैले हैं किरणों के कण-कण।
भई वाह, यह खूब!!

इतने में गली एक आ गयी और मैं
दरवाज़ा खुला हुआ देखता।
ज़ीना है अँधेरा।
कहीं कोई ढिबरी-सी टिमटिमा रही है!
मैं बढ़ रहा हूँ
कन्धों पर फूलों के लम्बे वे गुच्छे
क्या हुए, कहाँ गये?
कन्धे क्यों वज़न से दुख रहे सहसा।
ओ हो!!
बन्दूक आ गयी
वाह वा...!!
वज़नदार रॉयफल,
भई खूब!!

खुला हुआ कमरा है साँवली हवा है,
झाँकते हैं खिड़कियों से, दूर अँधेरे में टँके हुए सितारे
फैली है बर्फ़ीली साँस-सी वीरान,
तितर-बितर सब फैला है सामान।
बीच में कोई जमीन पर पसरा,
फैलाये बाँहें, ढह पड़ा आखिर।
मैं उस जन पर फैलाता टॉर्च कि यह क्या—
ख़ून भरे बाल में उलझा है चेहरा,
भौंहों के बीच में गोली का सूराख,
ख़ून का परदा गालों पर फैला,
होंठों पर सूखी है कत्थई धारा,
फूटा है चश्मा, नाक है सीधी,
ओफ़्फो ! एकान्त-प्रिय यह मेरा
परिचित व्यक्ति है, वहीं, हाँ,
सचाई थी सिर्फ़ एक अहसास
वह कलाकार था
गलियों के अँधेरे का, हृदय में भार था
पर, कार्य-क्षमता से वंचित व्यक्ति,
चलाता था अपना असंग अस्तित्व।
सुकुमार मानवीय हृदयों के अपने
शुचितर विश्व के मात्र थे सपने।
स्वप्न व ज्ञान व जीवनानुभव जो—
हलचल करता था रह-रह दिल में
किसी को भी दे नहीं पाया था वह तो।
शून्य के जल में डूब गया नीरव
हो नहीं पाया उपयोग उसका।
किन्तु, अचानक झोंक में आकर क्या कर गुज़रा कि
सन्देहास्पद समझा गया और
मारा गया वह बधिकों के हाथों।
मुक्ति का इच्छुक तृषार्त अन्तर
मुक्ति के यत्नों के साथ निरन्तर

सबका था प्यारा,
अपने में द्युतिमान्।
उनका यों वध हुआ,
मर गया एक युग,
मर गया एक जीवनादर्श ! !
इतने में मुझको ही चिढ़ाता है कोई।
सवाल है—मैं क्या करता था अब तक,
भागता फिरता था सब ओर।
(फ़िज़ूल है इस वक्त कोसना खुद को)
एकदम ज़रूरी-दोस्तों को खोजूँ
पाऊँ मैं नये-नये सहचर
सकमर्क सत्-चित् वेदना-भास्कर ! !

ज़ीने से उतरा,
एकाएक विद्रूप रूपों से घिर गया सहसा
पकड़ मशीन-सी,
भयानक आकार घेरते हैं मुझको,
मैं आततायी-सत्ता के सम्मुख।

एकाएक हृदय धड़ककर रुक गया, क्या हुआ ! !
भयानक सनसनी।
पकड़कर कॉलर गला दबाया गया।
चाँटे से कनपटी टूटी कि अचानक
त्वचा उखड़ गयी गाल की पूरी।
कान में भर गयी
भयानक अनहद नाद की भनभन।
आँखों में तैरीं
रक्तिम तितलियाँ, चिनगियाँ नीली।
सामने उगते-डूबते धुँधले
कुहरिल वर्तुल,
जिनका कि चक्रिल केन्द्र ही फैलता जाता
उस फैलाव में दीखते मुझको

धँस रहे, गिर रहे बड़े-बड़े टॉवर
घुँघराला धुँआ, गेरुआ ज्वाला।
हृदय में भगदड़—
सम्मुख दीखा
उजाड़ बंजर टीले पर सहसा
रो उठा कोई, रो रहा कोई
भागता कोई सहायता देने।
अन्तर्तत्त्वों का पुनः प्रबन्ध और पुनर्व्यवस्था
पुनर्गठन-सा होता जा रहा।

दृश्य ही बदला, चित्र बदल गया
ज़बरन ले जाया गया मैं गहरे
अँधियारे कमरे के स्याह सिफ़र में।
टूटे-से स्टूल पर बिठाया गया हूँ।
शीश की हड्डी जा रही तोड़ी।
लोहे की कील पर बड़े हथौड़े
पड़ रहे लगातार।
शीश का मोटा अस्थि-कवच ही निकाल डाला
देखा जा रहा—
मस्तक-यन्त्र में कौन-से विचारों की कौन-सी ऊर्जा,
कौन-सी शिरा में कौन-सी धक्-धक्,
कौन-सी रग में कौन-सी फुरफुरी,
कहाँ है पश्यत् कैमरा जिसमें
तथ्यों के जीवन-दृश्य उतरते,
कहाँ-कहाँ सच्चे सपनों के आशय
कहाँ-कहाँ क्षोभक-स्फोटक सामान!
भीतर कहीं पर गड़े हुए गहरे
तलघर अन्दर
छिपे हुए प्रिंटिंग प्रेस को खोजो।
जहाँ कि चुपचाप ख़यालों के परचे
छपते रहते हैं, बाँटे जाते।
इस संस्था के सेक्रेटरी को खोज निकालो,

शायद, उसका ही नाम हो आस्था,
कहाँ है सरगना इस टुकड़ी का
कहाँ है आत्मा?
(और, मैं सुनता हूँ चिढ़ी हुई ऊँची
खिझलायी आवाज)
स्क्रीनिंग करो– मिस्टर गुप्ता
क्रॉस एक्ज़ामिन हिम थॉरोली!!

चाबुक-चमकार
पीठ पर यद्यपि
उखड़े चर्म की कत्थई-रक्तिम रेखाएँ उभरीं
पर, यह आत्मा कुशल बहुत है,
देह में रेंग रही संवेदना की गरमीली कड़ुई धारा को गहरी
झनझन थरथर तारों को उसके,
समेटकर वह सब
वेदना-विस्तार करके इकट्ठा
मेरा मन यह
ज़बरन उनकी छोटी-सी कड्ढी
गठान बाँधता सख्त व मज़बूत
मानो कि पत्थर।
ज़ोर लगाकर,
उसी गठान को हथेलियों से
करता है चूर-चूर,
धूल में बिखरा देता है उसको।
मन यह हटता है देह की हद से
जाता है कहीं पर अलग जगत् में।
विचित्र क्षण है,
सिर्फ़ है जादू,
मात्र मैं बिजली
यद्यपि खोह में खूँटे बँधा हूँ,
दैत्य हैं आस-पास
फिर भी बहुत दूर मीलों के पार वहाँ

गिरता हूँ चुपचाप पत्र के रूप में
किसी एक जेब में
वह जेब...
किसी एक फटे हुए मन की।

समस्वर, समताल,
सहानुभूति की सनसनी कोमल!!
हम कहाँ नहीं हैं
सभी जगह हम।
निजता हमारी?
भीतर-भीतर बिजली के जीवित
तारों के जाले,
ज्वलन्त तारों की भीषण गुत्थी,
बाहर-बाहर धूल-सी भूरी
ज़मीन की पपड़ी।
अग्नि को लेकर, मस्तक हिमवत्;
उग्र प्रभंजन लेकर, उर यह
बिल्कुल निश्चल।
भीषण शक्ति को धारण करके
आत्मा का पोशाक दीन व मैला।
विचित्र रूपों को धारण करके
चलता है जीवन, लक्ष्यों के पथ पर।

रिहा!!
छोड़ दिया गया मैं,
कई छाया-मुख अब करते हैं पीछा,
छायाकृतियाँ न छोड़ती हैं मुझको,
जहाँ-जहाँ गया वहाँ
भौंहों के नीचे के रहस्यमय छेद
मारते हैं संगीन—
दृष्टि की पत्थरी चमक है पैनी।

मुझे अब खोजने होंगे साथी—
काले गुलाब व स्याह सिवन्ती,
श्याम चमेली,
सँवलाये कमल जो खोहों के जल में
भूमि के भीतर पाताल-तल में
खिले हुए कब से भेजते हैं संकेत
सुझाव-सन्देश भेजते रहते ! !

इतने में सहसा दूर क्षितिज पर
दीखते हैं मुझको
बिजली की नंगी लताओं से झर रहे
सफ़ेद नीले मोतिया चम्पई फूल गुलाबी;
उठते हैं वहीं पर हाथ अकस्मात्
अग्नि के फूलों को समेटने लगते।
मैं उन्हें देखने लगता हूँ एकटक;
अचानक विचित्र स्फूर्ति से मैं भी
ज़मीन पर पड़े हुए चमकीले पत्थर
लगातार चुनकर
बिजली के फूल बनाने की कोशिश
करता हूँ। रश्मि-विकीरण—
मेरे भी प्रस्तर करते हैं प्रतिक्षण।
रेडियो-एक्टिव रत्न हैं वे भी।
बिजली के फूलों की भाँति ही
यत्न हैं वे भी,
किन्तु, असन्तोष मुझको है गहरा,
शब्दाभिव्यक्ति- अभाव का संकेत।
काव्य-व्यमत्कार उतना ही रंगीन
परन्तु, ठण्डा।
मेरे भी फूल हैं तेजस्क्रिय, पर
अतिशय शीतल।
मुझको तो बेचैन बिजली की नीली
ज्वलन्त बाँहों में बाँहों को उलझा

करनी है उतनी ही प्रदीप्त लीला
आकाश-भर में साथ-साथ उसके घूमना है मुझको
मेरे पास न रंग है बिजली का गौर कि
भीमाकार हूँ मेघ मैं काला
परन्तु, मुझको है गम्भीर आवेश
अथाह प्रेरणा-स्रोत का संयम।
अरे, इन रंगीन पत्थर-फूलों से मेरा
काम नहीं चलेगा!!
क्या कहूँ,
मस्तक-कुण्ड में जलती
सत्-चित्-वेदना-सचाई व ग़लती—
मस्तक-शिराओं में तनाव दिन-रात।

अब अभिव्यक्ति के सारे ख़तरे
उठाने ही होंगे।
तोड़ने ही होंगे मठ और गढ़ सब।
पहुँचना होगा दुर्गम पहाड़ों के उस पार
तब कहीं देखने मिलेंगी बाँहें
जिसमें कि प्रतिपल काँपता रहता
अरुण कमल एक
ले जाने उसको धँसना ही होगा
झील के हिम-शीत सुनील जल में

7

चाँद उग आया है
गलियों की आकाशी लम्बी-सी चीर में
तिरछी है किरनों की मार
उस नीम पर
जिसके कि नीचे
मिट्टी के गोल चबूतरे पर, नीली
चाँदनी में कोई दिया सुनहला

जलता है मानो कि स्वप्न ही साक्षात्
अदृश्य साकार।
मकानों के बड़े-बड़े खण्डहर जिनके कि सूने
मटियाले भागों में खिलती ही रहती
महकती रातरानी फूल-भरी जवानी में लज्जित
तारों की टपकती अच्छी न लगती।

भागता मैं दम छोड़,
घूम गया कई मोड़,
ध्वस्त दीवालों के उस पार कहीं पर
बहस गरम है
दिमाग में जान है, दिलों में दम है
सत्य से सत्ता के युद्ध का रंग है,
पर, कमज़ोरियाँ सब मेरे संग हैं,
पाता हूँ सहसा—
अँधेरे की सुरंग-गलियों में चुपचाप
चलते हैं लोग-बाग
दृढ़-पद गम्भीर,
बालक युवागण
मन्द-गति नीरव
किसी निज भीतरी बात में व्यस्त हैं,
कोई आग जल रही तो भी अन्तःस्थ।

विचित्र अनुभव!!
जितना मैं लोगों की पाँतों को पार कर
बढ़ता हूँ आगे,
उतना ही पीछे मैं रहता हूँ अकेला,
पश्चात्-पद हूँ।
पर, एक रेला और
पीछे से चला और
अब मेरे साथ है।
आश्चर्य! अद्भुत!!

लोगों की मुट्ठियाँ बँधी हैं।
अँगुली-सन्धि से फूट रहीं किरनें
लाल-लाल
यह क्या ! !
मेरे ही विक्षोभ-मणियों को लिये वे,
मेरे ही विवेक-रत्नों को लेकर,
बढ़ रहे लोग अँधेरे में सोत्साह।
किन्तु मैं अकेला।
बौद्धिक जुगाली में अपने से दुकेला।

गलियों के अँधेरे में मैं भाग रहा हूँ;
इतने में चुपचाप कोई एक
दे जाता पर्चा,
कोई गुप्त शक्ति
हृदय में करने-सी लगती है चर्चा ! !
मैं बहुत ध्यान से पढ़ता हूँ उसको
आश्चर्य !
उसमें तो मेरे ही गुप्त विचार व
दबी हुई संवेदनाएँ व अनुभव
पीड़ाएँ जगमगा रही हैं।
यह सब क्या है ! !

आसमान झाँकता है लकीरों के बीच-बीच
वाक्यों की पाँतों में आकाशगंगा-सी फैली
शब्दों के व्यूहों में भी ताराएँ चमकीं
तारक-दलों में भी खिलता है आँगन
जिसमें कि चम्पा के फूल चमकते
शब्दाकाशों के कानों में गहरे तुलसी के श्यामल खिलते हैं
चेहरे ! !
चमकता है आशय मनोज्ञ मुखों से
पारिजात-पुष्प महकते।

पर्चा पढ़ते हुए उड़ता हूँ हवा में,
चक्रवात-गतियों में घूमता हूँ नभ पर,
ज़मीन पर एक साथ
सर्वत्र सचेत उपस्थित।
प्रत्येक स्थान पर लगा हूँ मैं काम में,
प्रत्येक चौराहे, दुराहे व राहों के मोड़ पर
सड़क पर खड़ा हूँ
मनाता हूँ, मानता हूँ, मनवाता अड़ा हूँ!!

और तब दिक्काल-दूरियाँ
अपने ही देश के नक्शे-सी टँगी हुई
रँगी हुई लगतीं!!
स्वप्नों की कोमल किरनें कि मानो
घनीभूत संघनित द्युतिमान्
शिलाओं में परिणत
ये सब दृढ़ीभूत कर्म-शिलाएँ हैं
जिनसे कि स्वप्नों की मूर्ति बनेगी
सस्मित सुखकर
जिसकी कि किरनें
ब्रह्माण्ड-भर में नापेंगी सब कुछ!
सचमुच,
मुझको तो जिन्दगी-सरहद
सूर्यों के प्राँगण पार भी जाती-सी दीखती!!
मैं परिणत हूँ
कविता में कहने की आदत नहीं, पर कह दूँ
वर्तमान समाज में चल नहीं सकता।
पूँजी से जुड़ा हुआ हृदय बदल नहीं सकता,
स्वातन्त्र्य व्यक्ति का वादी
छल नहीं सकता मुक्ति के मन को,
जन को।

8

एकाएक हृदय धड़ककर रुक गया, क्या हुआ!!

नगर से भयानक धुआँ उठ रहा है,
कहीं आग लग गयी, कहीं गोली चल गयी।
सड़कों पर मरा हुआ फैला है सुनसान,
हवाओं में अदृश्य ज्वाला की गरमी
गरमी का आवेग।
साथ-साथ घूमते हैं, साथ-साथ रहते हैं,
साथ-साथ सोते हैं, खाते हैं पीते हैं,
जन-मन उद्देश्य ! !
पथरीले चेहरों के ख़ाकी ये कसे ड्रेस
घूमते हैं यन्त्रवत्,
वे पहचाने-से लगते हैं वाक़ई
कहीं आग लग गयी, कहीं गोली चल गयी ! !

सब चुप, साहित्यिक चुप और कविजन निर्वाक्
चिन्तक, शिल्पकार, नर्तक चुप हैं;
उनके ख़याल से यह सब गप है
मात्र किंवदन्ती।
रक्तपायी वर्ग से नाभिनाल-बद्ध ये सब लोग
नपुंसक-भोग-शिरा-जालों में उलझे।
प्रश्न की उथली-सी पहचान
राह से अनजान
वाक् रुदन्ती।
चढ़ गया उर पर कहीं कोई निर्दयी,
कहीं आग लग गयी, कहीं गोली चल गयी।

भव्याकार भवनों के विवरों में छिप गये
समाचारपत्रों के पतियों के मुख स्थूल।
गढ़े जाते संवाद,
गढ़ी जाती समीक्षा,
गढ़ी जाती टिप्पणी जन-मन-उर-शूल।
बौद्धिक वर्ग है क्रीतदास,
किराये के विचारों का उद्‌भास।

बड़े-बड़े चेहरों पर स्याहियाँ पुत गयीं।
नपुंसक श्रद्धा
सड़क के नीचे की गटर में छिप गयी,
कहीं आग लग गयी, कहीं गोली चल गयी।
धुएँ के जहरीले मेघों के नीचे ही हर बार
द्रुत निज-विश्लेष-गतियाँ,
एक स्प्लिट सेकेण्ड में शत साक्षात्कार।
टूटते हैं धोखों से भरे हुए सपने।
रक्त में बहती हैं शान की किरनें
विश्व की मूर्ति में आत्मा ही ढल गयी,
कहीं आग लग गयी, कहीं गोली चल गयी।

राह के पत्थर-ढोकों के अन्दर
पहाड़ों के झरने
तड़पने लग गये।
मिट्टी के लोंदे के भीतर
भक्ति की अग्नि का उद्रेक
भड़कने लग गया।
धूल के कण में
अनहद नाद का कम्पन
खतरनाक ! !
मकानों के छत से
गाडर कूद पड़े धम से !
घूम उठे खम्भे
भयानक वेग से चल पड़े हवा में।
दादा का सोंटा भी करता है दांव-पेंच,
नाचता है हवा में
गगन में नाच रही कक्का की लाठी।
यहाँ तक कि बच्चे की पेपें भी उड़तीं,
तेजी से लहराती घूमती है हवा में
सलेट-पट्टी।
एक-एक वस्तु या एक-एक प्राणाग्नि-बम है,

ये परमास्त्र हैं, प्रक्षेपास्त्र हैं, यम हैं।
शून्याकाश में से होते हुए वे
अरे, अरि पर ही टूट पड़े अनिवार।
यह कथा नहीं है, यह सब सच है, हाँ भई!!
कहीं आग लग गयी, कहीं गोली चल गयी!!

किसी एक बलवान् तम-श्याम लुहार ने बनाया
कण्डों का वर्तुल ज्वलन्त मण्डल।
स्वर्णिम कमलों की पाँखुरी-जैसी ही
ज्वालाएँ उठती हैं उससे,
और उस गोल-गोल ज्वलन्त रेखा में रक्खा
लोहे का चक्का
चिनगियाँ स्वर्णिम नीली व लाल-लाल
फूलों-सी खिलतीं। कुछ बलवान् जन साँवले मुख के
चढ़ा रहे लकड़ी के चक्के पर जबरन
लाल-लाल लोहे की गोल-गोल पट्टी
घन मार घन मार,
उसी प्रकार अब
आत्मा के चक्के पर चढ़ाया जा रहा
संकल्प-शक्ति के लोहे का मजबूत
ज्वलन्त टायर!!
अब युग बदला है वाक़ई,
कहीं आग लग गयी, कहीं गोली चल गयी।

गेरुआ मौसम, उड़ते हैं अँगार,
जंगल जल रहे जिन्दगी के अब
जिनके कि ज्वलन्त-प्रकाशित भीषण
कूलों से बहतीं वेदना नदियाँ
जिनके कि जल में
सचेत होकर सैकड़ों सदियाँ, ज्वलन्त अपने
बिम्ब फेंकती!!
वेदना नदियाँ

जिनमें कि डूबे हैं युगानुयुग से
मानो कि आँसू
पिताओं की चिन्ता का उद्विग्न रंग भी,
विवेक-पीड़ा की गहराई बेचैन,
डूबा है जिसमें श्रमिक का सन्ताप।
वह जल पीकर
मेरे युवकों में होता जाता व्यक्तित्वान्तर,
विभिन्न क्षेत्रों में कई तरह से करते हैं संगर,
मानो कि ज्वाला-पँखुरियों से घिरे हुए वे सब
अग्नि के शत-दल-कोष में बैठे।
द्रुत-वेग बहती हैं शक्तयाँ निश्चयी।
कहीं आग लग गयी, कहीं गोली चल गयी!!

x x x x

एकाएक फिर स्वप्न भंग
बिखर गये चित्र कि मैं फिर अकेला।
मस्तिष्क-हृदय में छेद पड़ गये हैं।
पर, उन दुखते हुए रन्ध्रों में गहरा
प्रदीप्त ज्योति का रस बस गया है।
मैं उन सपनों का खोजता हूँ आशय,
अर्थों की वेदना घिरती है मन में।
अजीब झमेला।
घूमता है मन उन अर्थों के घावों के आस-पास
आत्मा में चमकीली प्यास भर गयी है।
जग-भर दीखती हैं सुनहली तसवीरें मुझको
मानो कि कल रात किसी अनपेक्षित क्षण में ही सहसा
प्रेम कर लिया हो
जीवन-भर के लिए!!
मानो कि उस क्षण
अतिशय मृदु किन्हीं बाँहों ने आकर
कस लिया था इस भाँति कि मुझको
उस स्वप्न-स्पर्श की, चुम्बन की याद आ रही है,
याद आ रही है!!

अज्ञात प्रणयिनी कौन थी, कौन थी ?

कमरे में सुबह की धूप आ गयी है,
गैलरी में फैला है सुनहला रवि-छोर
क्या कोई प्रेमिका सचमुच मिलेगी ?
हाय ! यह वेदना स्नेह की गहरी
जाग गयी क्यों कर ?

सब ओर विद्युत्तरंगीय हलचल
चुम्बकीय आकर्षण।
प्रत्येक वस्तु का निज-निज आलोक,
मानो कि अलग-अलग फूलों के रंगीन
अलग-अलग वातावरण हैं बेमाप,
प्रत्येक अर्थ की छाया में अन्य अर्थ
झलकता साफ़-साफ़ !
डेस्क पर रखे हुए महान् ग्रन्थों के लेखक
मेरी इन मानसिक क्रियाओं के बन गये प्रेक्षक
मेरे इस कमरे में आकाश उतरा,
मन यह अन्तरिक्ष-वायु में सिहरा।

उठता हूँ, जाता हूँ, गैलरी में खड़ा हूँ।
एकाएक वह व्यक्ति. . .
आँखों के सामने
गलियों में, सड़कों पर, लोगों की भीड़ में
चला जा रहा है।
वही जन जिसे मैंने देखा था गुहा में।
धड़कता है दिल
कि पुकारने को खुलता है मुँह
कि अकस्मात्—
वह दिखा, वह दिखा
वह फिर खो गया किसी जन यूथ में . . .
उठी हुई बाँह यह उठी हुई रह गयी ! !

अनखोजी निज-समृद्धि का वह परम-उत्कर्ष,
परम अभिव्यक्ति. . .।
मैं उसका शिष्य हूँ
वह मेरा गुरु है,
गुरु है ! !
वह मेरे पास कभी बैठा ही नहीं था,
वह मेरे पास कभी आया ही नहीं था,
तिलिस्मी खोह में देखा था एक बार,
आख़िरी बार ही।
पर, वह जगत् की गलियों में घूमता है प्रतिपल
वह फटेहाल रूप।
तड़ित्तरंगीय वही गतिमयता,
अत्यन्त उद्विग्न ज्ञान-तनाव वह
सकर्मक प्रेम की वह अतिशयता
वही फटेहाल रूप ! !
परम अभिव्यक्ति
लगातार घूमती है जग में
पता नहीं जाने कहाँ, जाने कहाँ
वह है।
इसीलिए मैं हर गली में
और हर सड़क पर
झाँक-झाँक देखता हूँ हर एक चेहरा,
प्रत्येक गतिविधि
प्रत्येक चरित्र
व हर एक आत्मा का इतिहास,
हर एक देश व राजनैतिक परिस्थिति
प्रत्येक मानवीय स्वानुभूत आदर्श
विवेक-प्रक्रिया, क्रियागत परिणति ! !

खोजता हूँ पठार. . .पहाड़. . .समुन्दर
जहाँ मिल सके मुझे
मेरी वह खोयी हुई
परम अभिव्यक्ति अनिवार
आत्म-सम्भवा।

□□□